LO QUE TODO CRISTIANO .DEBE SABER ACERCA DE LA

ATRACCIÓN HACIA EL MISMO SEXO

Todas las referencias bíblicas son de la Biblia "Reina Valera Versión 1960." Las referencias están indicadas si otra versión fue usada.

LO QUE TODO CRISTIANO DEBE SABER ACERCA DE LA

ATRACCIÓN HACIA EL MISMO SEXO

Una Introducción Bíblica Para la Iglesia Local

ROB PHILLIPS

RECONOCIMIENTOS

Muchas gracias al Dr. Bill Víctor por su erudición, experiencia pastoral y su habilidad en la edición desempeñando un papel clave en completar este manuscrito. Bill sirve como pastor de la enseñanza a los ancianos de la Iglesia "Misio Dei Community Church," en Columbia Missouri. Además, sirve como coordinador del ministerio al colegiado regional para la convención Bautista de Missouri (CBM).

En adición, estoy agradecido al Dr. John Yates, director-tesorero ejecutivo de la CBM. Por su respaldo y apoyo. Su amplio rango de experiencia en todos los niveles de la vida denominacional, proveyó el ímpetu para crear esta introducción simple y sana teológicamente, para todos los cristianos que desean ser fieles bíblicamente y culturalmente relevantes.

Finalmente, quiero también expresar una palabra de gratitud a Orel Garcia Pineda, pastor de la congregación y Ministerio Hispano para Riverview Baptist Church en Osage Beach, Missouri, por traducir este libro al español.

CONTENIDO

Debemos hacer una clara distinción entre la tentación homo-sexual...

y los deseos y conductas homo-sexuales

1

¿EL NUEVO MACARTISMO?

Observando la atracción hacia el mismo-sexo a través del lente bíblico

En Mayo del 2015 Irlanda llego a ser el primer país en legalizar el matrimonio homosexual a través del voto popular. Después del referéndum se contó con el apoyo de un 62% de los votantes a favor de cambiar la constitución para permitir el matrimonio entre las parejas del mismo sexo. Mientras escribía este libro, otras 18 naciones habían ya aprobado el matrimonio entre parejas del mismo sexo, mientras que otros dos – México y los Estados Unidos – solo tienen provisiones regionales o federales que le permiten a las parejas del mismo sexo casarse.[1]

La respuesta al voto Irlandés, vario desde expresiones eufóricas tales como ("!Este es nuestro muro de Berlín!"), hasta expresiones de desesperación (Esta es una "derrota para la humanidad").[2] De igual forma, la iglesia está dividida en el asunto, con algunas denominaciones aprobando el matrimonio homosexual, otras bendiciendo la unión del mismo sexo, y otras, todavía permaneciendo resueltamente opuestas a cualquier conducta sexual fuera del confinamiento del matrimonio monógamo, heterosexual y de toda la vida.

Si las encuestas son algún indicativo confiable, entonces la mayoría de los americanos ya favorecen el matrimonio homosexual y ese número a favor, sigue creciendo. El asunto de los derechos homosexuales, ha avanzado a gran velocidad, a tal grado que los americanos se están resignando a la creencia de que la celebración publica del homosexualismo, está con nosotros y llegó para quedarse. No hay duda de que muchos cristianos comparten este sentido de inevitabilidad.

Es innegable que los líderes de la comunidad lésbico, homosexual, bisexual y transgénero, (LGBT) siglas en inglés, han hecho un trabajo maestro en lograr la equidad de los derechos gay con los derechos civiles. Por lo tanto, oponerse al comportamiento homosexual en general, o al matrimonio del mismo sexo en particular, es análogo a ser racista. A través de la acción legal, los medios de comunicacion, las iniciativas educacionales y otros medios, la comunidad LGBT ha perseguido marginalizar a aquellos que se oponen contra del estilo de vida gay basándose en sus convicciones y aquellas particularmente religiosas. Presentar la cosmovisión bíblica en la arena pública es correr el riesgo de ser etiquetado como extremista del ala-derecha involucrado en un “Nuevo Macartismo.”[3]

Al mismo tiempo, por medio del cómo vivimos nuestra vida, algunos cristianos, en cierto grado han renunciado a los fundamentos de una moral elevada. Numerosas encuestas han mostrado que la conducta sexual y marital de los cristianos no difiere significativamente de aquella de los no cristianos. Esto significa que nuestra conducta se mantiene en un ambiguo contraste a lo que la Biblia enseña acerca de la intención de Dios para la sexualidad y el matrimonio. Si los cristianos se involucran en el matrimonio premarital, adulterio, pornografía, y divorcio, tan a menudo como el no-cristiano, el argumento que le sigue es,

¿quiénes somos nosotros para juzgar a otros?

Afortunadamente, Dios ha hablado claramente en Su Palabra. Sus estándares de pureza sexual y matrimonial aplican a toda la gente. Sus estándares reflejan ambas cosas, Su santidad y Su intención creativa para el placer, la seguridad y la procreación por medio del matrimonio monógamo y de toda la vida entre un hombre y una mujer creados a Su imagen.

Por lo tanto, es para nuestro beneficio revisar el asunto de la homosexualidad a través del lente bíblico – y no solamente saber que dice la Biblia, pero también saber cómo Dios ha instruido a la iglesia en este asunto. Nuestra evaluación de todo credo o acción debe estar fundamentada en la Palabra de Dios. Nuestra respuesta debe ser dada con dosis iguales, de convicción y compasión.

Antes que comencemos, es importante presentar una distinción entre la tentación conocida como atracción homo-sexual no deseada, la cual no es pecado y los deseos y conductas homosexuales, los cuales la Biblia siempre caracteriza como pecaminosos. Todo ser humano lucha con lo que el apóstol Pablo llama la carne – la nublada imagen del Creador y beligerante contra la palabra de Dios, y para el creyente, es aquella que contiende contra el Espíritu de Dios que mora en él.

Necesitamos explorar que es lo que Dios dice acerca del sexo y el matrimonio; ambos son buenos, a propósito. Debemos regocijarnos en el diseño creativo de Dios. Debemos intensamente perseguir la santidad personal, vigorosamente contender por la fe y amar a aquellos que experimentan la atracción homo-sexual, ya sea que estos la celebren o la reconozcan como externas a la voluntad de Dios.

El mundo está observando y el mundo está juzgando nuestra respuesta a la gente del movimiento LGBT. En vez de "rascarnos la cabeza" por sus espectaculares victorias en las cortes, y especialmente en la corte de la expresión pública, la iglesia debe aprovechar esta oportunidad para hablar la verdad en amor (Efesios 4:15). Muy a menudo, o hemos hablado una verdad sin amor, o hemos vendido la verdad en el nombre del amor. La Escritura nos llama a abrazar ambas cosas, la verdad y el amor.

Los primeros tres capítulos de Génesis importan porque capturan la esencia de la creación, la rebelión y la redención – De la gran historia de la Biblia.

2

EL DISEÑO DIVINO

La intención creativa de Dios para el sexo y el matrimonio

El mejor lugar para iniciar el análisis bíblico acerca de la atracción y conducta homo-sexual es, por supuesto, en el principio. Génesis 1-3 se sitúa como la plataforma para nuestro estudio. Los primeros tres capítulos de la Escritura nos presentan a Dios, revelan Su eternidad, nos instruyen en Su soberanía, sugieren Su naturaleza triuna y demuestran Su poder y propósito en la creación. El creó al hombre y a la mujer como la corona de su creación, haciéndolos a su imagen y semejanza (Gen. 1:26). Él nos creó para una relación – con alguien más, pero mayormente para una relación con El. Él nos creó para gobernar – es decir, para administrar el mundo perfecto y bueno que El hizo para nosotros, y confió a nuestro cuidado. Él nos hizo para reproducirnos; "sean fecundos, multiplíquense, llenen la tierra, y ejerzan dominio sobre ella," Esto le mandó el Señor a Adán. (Gen. 1:28).

Dios creó a las gentes de forma única. Dios habló y trajo el universo a su existencia, habló y el mundo animal llego a ser, hizo a Adán del polvo de la tierra y respiro en sus narices el aliento de la vida. Luego hizo a Eva del costado de Adán y esta distinción no debe pasar desapercibida. Por medio de la creación especial de los seres humanos, Dios demuestra el elevado valor que Él le da a la vida humana y la maravillosa responsabilidad que el deposita sobre nuestros hombros. Consideremos por ejemplo, los regalos exclusivos de la racionalidad, de la espiritualidad, el matrimonio y la vida eterna. Debemos tener en mente estas bendiciones divinas impartidas cuando consideramos los deseos y las conductas sexuales.

Dios nos creó para una intimidad exclusiva con El – El no comparte Su gloria con otro dios, y es celoso de la devoción entera a Él. Además Dios nos hizo para una intimidad exclusiva con nuestra esposa, y nos dio una expresión de Su poder creativo a través de la procreación en el contexto del matrimonio monógamo, heterosexual y de toda la vida.

Note que Dios le permitió a Adán descubrir por sí mismo que estaba solo y necesitado de una ayuda. Los animales no eran la ayuda apropiada para el hombre – no porque carecieran de valor utilitario, pero porque no eran competentes para cumplir el mandato de Dios de "llenar la tierra." Eva, a diferencia, si llenaba y satisfacía ese papel. Juntos, los primeros dos seres humanos, procrearían involucrándose en la intimidad sexual que resultaría en el nacimiento de otros humanos que reflejarían la imagen de Dios.

Sin embargo, nuestra historia toma un giro trágico en Génesis 3. Satanás tienta a Eva con una media-verdad que le hizo pensar a la primera pareja que Dios no estaba siendo sincero y honesto con ellos. Desobedecieron a Dios, tomando del árbol prohibido del Jardín en Edén e inmediatamente experimentaron vergüenza. Se escondieron de la presencia de Dios, experimentaron la maldición, la cual incluyó su expulsión del Jardín, dificultad y dolor en el alumbramiento, una vida entera de dura labor en un ambiente hostil, y finalmente, la muerte. No necesitamos ir muy lejos en las Escrituras para ver como la caída del hombre envenenó todo, incluyendo la intimidad sexual, el matrimonio y la familia.

Sin embargo, Dios no se lavó las manos sobre la raza humana. El provee pieles de animales para cubrir los cuerpos desnudos de Adán y Eva, y en el proceso, evidentemente les ensena acerca de la expiación – la cobertura temporal de los pecados por medio de la muerte substitutoria de animales inocentes y sin mancha. Aún más importante, Él les promete redención a través de "la simiente" de Eva que demolería la cabeza de Satanás, no obstante el maligno le heriría en el calcañar. (Gen. 3:15).

Así, en los primeros tres capítulos de la Palabra de Dios, vemos la creación, la rebelión y la redención. El resto de la Escritura desarrolla estos temas. Los seres humanos se envilecieron, y la creación se corrompió por el pecado, excepto Noé y su familia, quien halló salvación en un Arca de madera.

En Génesis 12 Dios llama a Abram a salir de Ur y le hace promesas que incluían un pueblo, tierra, y bendición global. El rescata a los Israelitas de la cautividad en Egipto y los instala en la Tierra Prometida. Les provee la Ley Mosaica y el sistema sacrificial – lo primero les mostraría la santidad inmutable de Dios y lo segundo proveería el medio de expiación por el pecado, medio que sería sombra de la venida del Mesías, quien es el Cordero de Dios que quita el pecado del mundo. Sin embargo, el pueblo especial de Dios – Los Israelitas – persistentemente y repetidamente se rebeló sin importar el llamado divino al arrepentimiento por medio de los profetas.

Luego, los reinos del norte y del sur del pueblo de Dios sufrieron la humillación, la derrota y exilio – siendo este el justo juicio de Dios por pecar sin contrición – luego el mundo paso al parecer por una edad oscura de más de 400 años, hasta que una estrella especial suspendida sobre Belén, iluminó la senda de los magos desde el Oriente dirigiendo su vista hacia el infante Rey de reyes.

El Hijo eterno de Dios dejo Su gloria celestial y añade humanidad impecable a Su deidad a través del milagro del nacimiento virginal. Jesús de Nazaret viviendo una vida sin pecado, haciendo Milagros, perdonando los pecados, recibiendo alabanza, proclamando el reino de Dios – no obstante, a cambio de su gesto humilde de la deidad haciéndose hombre, Él fue rechazado, traicionado, abandonado y crucificado en una cruz de madera por manos de líderes religiosos quienes no reconocieron la hora de su visitación. (Lucas 19:44).

Satanás, al final, hiere el calcañar de la simiente prometida a la mujer, resultando en su muerte. Pero en este, el crimen más atroz de la humanidad, la simiente de la mujer hiere mortalmente la cabeza de Satanás y asume el pecado de la toda la humanidad, satisfaciendo así la ira del Padre, es sepultado, pero triunfantemente se levanta de la muerte tres días después. Hoy, Jesús está sentado a la diestra del Padre, esta arrebatando a los que Satanás tenía bajo su potestad, aquellos quienes estaban cegados y encadenados, y trayéndolos a Su reino. También prepara un lugar para los redimidos, y un día El regresará victorioso como el León de la tribu de Judá para juzgar a todas las gentes, para enderezar las cosas, y para restaurar el mundo manchado de pecado a su santidad prístina, en donde Dios mismo será nuestro Dios y secará toda lagrima de nuestros ojos.

Los primeros tres capítulos de Génesis importan porque capturan la esencia de la creación, la rebelión y la redención – de la gran historia de la Biblia. ¿Pero qué tiene que ver todo esto con la sexualidad humana y el matrimonio? mucho. Consideremos varias verdades claves en los primeros capítulos de la Biblia:

1. Dios admirablemente diseñó al hombre y a la mujer, de una forma complementaria que le permite a la

gente ayudarse unos a otros para poder cumplir la intención creativa de Dios de multiplicarse y llenar la tierra.

2. El matrimonio es una institución pre-política. Dios establece el matrimonio "como la institución por medio de la cual, El equiparía la humanidad para poblar y cultivar Su creacion."[4]

3. En el matrimonio, dos llegan a ser uno, unidos en cuerpo, mente y propósito.

4. La relación sexual es el único proceso biológico que dirige la procreación, implicando que el matrimonio requiere diversidad de género.

5. El matrimonio conlleva también la expectativa de la permanencia.

6. El hecho de que la primera pareja pecó, no niega el diseño de Dios para la sexualidad y el matrimonio.

7. El matrimonio ofrece una imagen de la fidelidad, compromiso y amor que Cristo tiene por Su iglesia. En su carta a los Efesios, el apóstol Pablo cita a ambos, a Jesús y al Génesis, reforzando repetidamente la intención de Dios para el matrimonio: "Por eso dejará el hombre a su padre y a su madre, y se unirá a su esposa, y los dos llegarán a ser un solo cuerpo. Esto es un misterio profundo; yo me refiero a Cristo y a la iglesia." (Efe. 5:31-32).[5]

Finalmente, al revisar el diseño de Dios para la sexualidad humana, es importante notar que Jesús sostiene las enseñanzas del Antiguo Testamento acerca del sexo y el matrimonio. En Mateo 19, los fariseos le preguntaron a Jesús, "¿Está permitido que un hombre se divorcie de su esposa por cualquier motivo?" (v. 3) los líderes judíos querían que Jesús entendiera el matrimonio y el divorcio desde la perspectiva de la ley judía. En respuesta, Jesús les plantea la ley y sus instrucciones sobre el matrimonio en la gran escala del contexto de la intención creativa de Dios. "¿No han leído —replicó Jesús— que en el principio el Creador "los hizo hombre y mujer", y dijo: "Por eso dejará el hombre a su padre y a su madre, y se unirá a su esposa, y los dos llegarán a ser un solo cuerpo"? "Así que ya no son dos, sino uno solo. Por tanto, lo que Dios ha unido, que no lo separe el hombre." (vv. 4-6).

Los fariseos respondieron: "¿Por qué, entonces, mandó Moisés que un hombre le diera a su esposa un certificado de divorcio y la despidiera? Moisés les permitió divorciarse de su esposa por lo obstinados que son —respondió Jesús—. Pero no fue así desde el principio." (vv. 7-8).

Claramente, El Señor no ha cambiado Sus razones por las que creó al hombre y a la mujer, ni "Sus ajustes divinos" (permitir el divorcio bajo los términos de la ley mosaica) han rebajado Sus estándares sobre la pureza sexual y el matrimonio. Mientras que la Biblia incluye historias de adulterio, poligamia, violación, prostitución, homosexualidad y otras formas de pecados sexuales, no debemos, permitirnos el llegar a ser insensibles, o peor aún, pensar que porque esto siempre ha sido así, así es como debe ser hoy también. Recordemos que la Biblia no respalda todo lo que reporta. Muchos pasajes son presentados pero no recetados. El mandato de Dios a Oseas de casarse con una prostituta, por ejemplo, es para el propósito de la ilustración profética; no es una condonación de la prostitución o la infidelidad marital.

El pastor y autor Kevin DeYoung comenta: Si Dios quiso establecer un mundo en el cual la norma de la relación sexual y marital, es aquella entre dos personas del sexo opuesto, entonces Génesis 1-2 encajan perfectamente. La narrativa sugiere fuertemente lo que casi la iglesia uniformemente ha creído y pensado: que el matrimonio ha de ser entre un hombre y una mujer. Un arreglo marital distinto requiere una narrativa completamente distinta, DeYoung argumenta: "Es sumamente complicado no concluir de una lectura directa y clara de Génesis 1-2 que el diseño divino para la intimidad sexual no es la combinación de personas ni cualquier tipo de dos personas uniéndose, pero si la de un hombre llegando a ser una sola carne con una mujer."[6]

DeYoung sugiere por lo menos cinco razones para correctamente pensar que Génesis 1-2 establece el diseño de Dios para el matrimonio y que dicho diseño, requiere un hombre y una mujer:

1. La forma en la que la mujer fue creada indica que ella es el complemento divinamente diseñado para el hombre.

2. La naturaleza de la unión de "una sola carne" presupone dos personas del sexo opuesto.

3. Solo dos personas del sexo opuesto pueden cumplir los propósitos procreativos del matrimonio.

4. Jesús refuerza la normativa del registro del Génesis.

5. El significado histórico-redentor del matrimonio como un símbolo divino en la Biblia solo se refleja si la pareja de casados es una pareja de diferentes sexos.[7]

Mientras exploramos el tratamiento Bíblico para la conducta homo-sexual, nos ayuda mantener en mente la historia de la creación – rebelión – y redención de Génesis 1-3, repetida y ampliada a través del resto de las Escrituras. Vivimos en un mundo pecaminoso y caído. Pero no siempre fue así. Y tampoco será siempre así. Hasta que nuestro Redentor regrese a corregir todas las cosas, debemos ordenar nuestra propia casa, obedeciendo Su mandamiento de "estar alerta, porque no sabemos ni el día ni la hora" (Mat. 25:13). Aquello que creemos y como vivimos importa – no solo a nosotros, pero importa a nuestros amigos que luchan con la atracción hacia el mismo sexo. Debemos abrazar y proclamar la intención creativa de Dios para la sexualidad y el matrimonio – pero hacerlo humildemente, con gracia y con amor; Hermanos, si alguien es sorprendido en pecado, ustedes que son espirituales deben restaurarlo con una actitud humilde. Pero cuídese cada uno, porque también puede ser tentado. (Gal. 6:1).[8]

La Biblia habla positivamente de la relación, amorosa, monógama y de toda la vida entre un hombre y una mujer, y nunca entre dos mujeres o dos hombres.

3

SEIS PASAJES CLAVE

Y porque son importantes

Mientras que toda la Escritura discute contra toda forma de inmoralidad sexual, los siguientes seis pasajes hablan directamente al asunto de la conducta homo-sexual. Varias versiones de la Biblia han sido comparadas para marcar las diferencias en las traducciones.

GÉNESIS 19:5

Ellos [los hombres de Sodoma] llamaron a Lot y le dijeron, "—¿Dónde están los hombres que vinieron a pasar la noche en tu casa? ¡Échalos afuera! ¡Queremos acostarnos con ellos! (NVI)

- "... para que los **conozcamos**." (RV60)
- "... para que tengamos **relaciones sexuales con ellos**." (TLA)
- "... para **acostarnos con ellos**." (NBD & NVI)
- "... para que podamos **tener sexo con ellos**." (NTV)

Resumen

Dios destruye las ciudades antiguas de Sodoma y Gomorra por la maldad de la gente, expresada más atrozmente en su comportamiento homosexual. Tanto judíos como cristianos tradicionalmente han entendido la historia de Sodoma y Gomorra como una que habla directamente sobre el asunto de la homosexualidad – muy a pesar de las múltiples explicaciones revisionistas sobre este pasaje.

Gen. 13:13 nos dice, "Pero los habitantes de esa región eran sumamente perversos y no dejaban de pecar contra el SEÑOR." Cuando dos ángeles y el mismo Señor visitaron a Abraham, el Señor le dijo a Abraham, "He oído un gran clamor desde Sodoma y Gomorra, porque su pecado es muy grave." (Gen. 18:20). Su pecado es claramente el comportamiento homosexual, pues rodearon la casa de Lot y le demandaron que les entregara a sus tres visitantes para tener sexo con ellos. (Gen. 19:5). Lot les implora a los hombres, "Por favor, hermanos míos —suplicó—, no hagan una cosa tan perversa." (v. 7), y luego toma un paso extraordinario al ofrecerles sus dos hijas vírgenes para que abandonaran sus intenciones contra los tres visitantes en la casa de Lot.

Otras referencias presentan a estas dos ciudades a la luz de un pecado gravoso y sin arrepentimiento. En Judas 7, por ejemplo, se refiere a su comportamiento sexual como "inmoralidad sexual" y "perversiones," y 2 Pedro 2:7 las describe así: "la vergonzosa inmoralidad de la gente perversa." La representación del "hombre" de Sodoma rodeando la casa de Lot muestra que la población entera era sumamente corrupta. La "población entera" – jóvenes y viejos, de todo sector, – estaban involucrados en la práctica inmoral (Gen. 19:4). Por este pecado, el Señor destruye las ciudades en un acto de juicio divino.

Desafíos

La objeción más común a la lectura superficial del texto es la interpretación de que el pecado de Sodoma era primariamente la inhospitalidad y no el comportamiento homo-sexual. Los proponentes de este punto de vista, a menudo citan Ezequiel. 16:48-49 para decir que el pecado de los Sodomitas fue el rehusarse a hospedar a los viajeros cansados y necesitados. No hay duda que los hombres de Sodoma eran un montón de inhospitalarios, pero leyendo el siguiente versículo, la perspectiva cambia. Ella (Sodoma) fue arrogante y cometió pecados detestables, por eso la destruí, como has visto. (v. 50). La palabra "detestable" – o "abominación" en otras traducciones – nos llevan de regreso a Levítico, específicamente Lev. 18:22 y Lev. 20:13, donde la conducta homosexual esta en escrutinio.

Otro desafío es que el uso de la palabra *yada* – que traduce "conocer" en la RV60 y otras versiones – no se refiere a la conducta homosexual. Es verdad que la palabra *yada* aparece numerosas veces en la Biblia y normalmente se refiere a conocer información objetiva, pero a veces *yada* sencillamente significa conocer a alguien íntimamente en la forma sexual.

Por ejemplo, en Gen. 4:1 Adán "conoció (*yada*) a Eva su mujer; y ella concibió..." (RV60). Más adelante, Jueces 19:22-25 ofrece un paralelo muy similar a la historia de Lot en Sodoma. Ciertos "hombres pervertidos de la ciudad" "rodearon la casa donde dos visitantes habían sido hospedados, demandando, "!saca al hombre al hombre que ha entrado en tu casa, para que tengamos sexo (*yada*) con el!" (v. 22). El dueño de la casa describe sus intenciones como "malvadas" e "infames" (v. 23-24), y les ofrece a cambio, que tomen a su hija virgen y la concubina del hombre hospedado. Los hombres pues tomaron la concubina, la violaron (*yada*) y abusaron toda la noche (v. 25). El contexto determina el sentido correcto de la palabra yada.

Un tercer desafío es que Jesús menciona Sodoma y Gomorra pero no relaciona las ciudades con la homosexualidad. Es cierto que en Mat. 10:14-15, mientras Jesús comisiona a los 12 discípulos, no se refiere específicamente a ningún pecado del cual los residentes de las ciudades eran culpables. Sus palabras exactas fueron: "Y si alguno no os recibiere, ni oyere vuestras palabras, salid de aquella casa o ciudad, y sacudid el polvo de vuestros pies. De cierto os digo que en el día del juicio, será más tolerable el castigo para la tierra de Sodoma y de Gomorra, que para aquella ciudad."

Como James White y Jeffrey Niell explican, "el juicio de Sodoma ha llegado a ser axiomático del máximo torrente de la ira de Dios a través del Antiguo Testamento.... El asunto es que estas ciudades serían responsables delante de Dios por causa de sus graves pecados. Y la comparación es que el castigo en el día del juicio sería más tolerable para Sodoma y Gomorra en aquellos días que para las ciudades que experimentaron la visitación de los apóstoles del Verbo encarnado, pero rechazaron su mensaje y el arrepentimiento y la fe."[9]

Un desafío final es que la historia de Sodoma y Gomorra no es relevante al debate de la homosexualidad porque no refiere las relaciones amorosas monógamas. Solo objeta contra una turba homosexual, la violación y la violencia. Si ese fuera el caso, entonces se demanda la pregunta de ¿qué dice la Biblia?, si es que dice algo, acerca de la relación amorosa, y monógama entre personas del mismo sexo. Una vez más, White y Niell nos ayudan al respecto: "para llamar "amorosa" a una relación en el sentido bíblico significa que está en total acuerdo con la voluntad de Dios y que cumple Sus propósitos, resultando en la gloria para El."[10]

La Biblia habla positivamente de la relación amorosa, monógama y de toda la vida entre un hombre y una mujer y nunca entre dos mujeres o dos hombres.

LEVÍTICO 18:22 Y 20:13

Lev. 18:22 - No te echarás con **varón** como con **mujer**; es **abominación**. (RV60)

- Nadie debe tener relaciones sexuales con otro **hombre**... me **repugna**. (TLA)
- No te acostarás con un **hombre** como quien se acuesta con una **mujer**... es **una abominación**. (NVI)
- No practiques la homosexualidad, al tener relaciones sexuales con un **hombre** como si fuera una **mujer**. Es un pecado **detestable**. (NTV)
- No te acuestes con un **hombre** como si te acostaras con una **mujer**. Ése es un **acto infame**. (DHH)

Lev. 20:13 - Si alguien **se acuesta con un hombre como si se acostara con una mujer**, se condenará a muerte a los dos y serán responsables de su propia muerte, pues cometieron un **acto infame**. (RV60)

- El varón **que tuviere ayuntamiento con macho como con mujer, abominación** hicieron... (JBS)
- Si alguien **se acuesta con otro hombre como quien se acuesta con una mujer**, comete un **acto abominable**... (NVI)
- Si un hombre **practica la homosexualidad, al tener relaciones sexuales con otro hombre como si fuera**

una mujer... han cometido un **acto detestable**... (NTV)

- Si un hombre **tiene relaciones sexuales con otro hombre como si fuera con una mujer**, ambos han hecho algo **repugnante**... (BLPH)

Resumen

Estos versículos son una porción del Código de Santidad (Levítico 17-26) el cual trata con leyes, sacrificios y regulaciones de pureza que distinguirían a los hebreos de las naciones idolatras que estaban alrededor de ellos. El código prohibía sembrar en un mismo campo dos diferentes tipos de semillas, o vestir una prenda hecha de dos tipos diferentes de tela o distintos materiales, así como otras actividades que nos parecen extrañas a los lectores del Siglo 21. Esto lleva a los críticos a concluir que los pasajes acerca de la conducta homosexual eran solamente para los Hebreos viviendo en el Antiguo Cercano Oriente.

No obstante, hay buenas razones para entender que estas prohibiciones son una expresión de la voluntad moral inmutable de Dios. Kevin DeYoung ofrece seis razones para no hacer a un lado Lev. 18:22 y 20:13:

1. Ningún discípulo de Jesús debe comenzar con la presunción de que los mandamientos de la ley Mosaica son superlativamente irrelevantes. Jesús mismo insistió de que El no vino para abolir ni siquiera el fragmento más pequeño de la Ley (Mat. 5:17-18).

2. No hay indicaciones en el Nuevo Testamento de que Levítico deba ser tratado como particularmente

obscuro o periférico. La ética sexual del Antiguo Testamento no fue abrogada como el sistema sacrificial, sino trasferida a la iglesia primitiva. Sabemos que la Ley es buena, si se usa de ella legítimamente (1 Tim. 1:8).

3. El termino Paulino para los "hombres que practican la homosexualidad" (1 Cor. 6:9; 1 Tim.1:10) esta derivado de dos palabras – arsen (hombre) y koite (cama) – encontradas en Lev. 18:22 y 20:13 (La Septuaginta).

4. Levítico usa un lenguaje fuerte al denunciar el comportamiento homosexual, llamándolo "una abominación." Fuera de Levítico, la palabra hebrea to'ebah aparece 43 veces en Ezequiel y 68 veces en el resto del Antiguo Testamento, y es usada común y esencialmente en relación a pecados graves. Entonces, no podemos reducir la palabra a un mero tabú social o a un ritual de impureza.

5. La referencia al periodo menstrual de la mujer (18:19; 20:18) no debe cuestionar el resto de la ética sexual descrita en Levítico 18 and 20. Para comenzar, se observa una clara progresión en ambos capítulos sobre un incremento en la medida de oposición del pecado sexual contra el diseño de la relación monógama entre el sexo masculino y femenino. La menstruación no era un pecado pero si un asunto para los rituales de purificación. Pero cuando Cristo vino, el sistema entero que requería rituales de limpieza fue quitado.

6. Aparte de la pregunta de las relaciones sexuales durante el periodo de menstruación, el Nuevo Testamento reafirma la ética sexual de Levítico 18 and 20.[11]

Las prohibiciones de Levítico 18 y 20 son contra el comportamiento opuesto al propósito creativo de Dios para la sexualidad. Más adelante, los escritores del Nuevo Testamento repiten las prohibiciones levíticas contra la conducta de la atracción hacia el mismo sexo (Rom. 1:26-27; 1 Cor. 6:9-11; 1 Tim. 1:8-11). Ni siquiera un solo pasaje tanto en el Antiguo como en el Nuevo Testamentos presenta la conducta homosexual de manera positiva.

Desafíos

Una objeción común es que estos pasajes hablan negativamente de la conducta homosexual que viola el papel de género propio de la sociedad patriarcal porque el acto reduce al compañero pasivo al estatus de una mujer. Si este fuera el caso, no obstante, el compañero activo seria aún más culpable que el compañero pasivo. Sin embargo, la Biblia responsabiliza a ambos de culpa y subscribe castigo para ambas personas.

Otro argumento es que las relaciones homosexuales en el antiguo Cercano Oriente, a menudo eran desigualdades sociales – por ejemplo, entre un amo y su esclavo, o un hombre adulto con un jovencito. Ya que esta clase de comportamiento no es considerado apropiado en la mayoría de las culturas de hoy, la prohibición en Levítico ya no es aplicable. Sin embargo, Lev. 18:22 y Lev. 20:13 no restringe una clase de comportamiento homosexual que Dios considera abominación; más bien toda forma de conducta homosexual es prohibida.

Mientras que otra contención es que estos versículos condenan el comportamiento violento tal como el abuso y violación homosexual asociado al sectarismo idolátrico de la prostitución. Estos pasajes no dicen nada con respecto a la conducta homosexual entre personas que "comprometidamente" se "aman" Pero la palabra hebrea *zakar* siempre involucra el género masculino, ya sea que se traduzca como "hombre," "masculino," o "humanidad," por lo tanto significando que todas las formas de actividad sexual entre dos hombres están incluidas en esta prohibición. Más adelante, Levítico 18 condena el adulterio, el sacrificio de niños, la prostitución, actividades que son incorrectas aun cuando estén separadas de cualquier conexión con el culto sectario de la prostitución. Y Levítico 20 coloca la homosexualidad entre el incesto y la bestialidad, los cuales no tienen un enlace directo a la idolatría. Finalmente, cuando el Señor quiere condenar el culto a la prostitución, Él lo hace claramente, como leemos en Deut. 23:17.

Algunos, como Rabbi Jacob Milgrom, contienden que las prohibiciones levíticas en relación a la conducta de atracción hacia el mismo sexo, aplican solo a los judíos, y a los no judíos, solo si estos residen en la Tierra Santa. James White y Jeffrey Niell contradicen: "Lo que en esencia, Milgrom está argumentando es que la homosexualidad era incorrecta para un egipcio residiendo en Judá, pero no era incorrecta si residía en Macedonia." Refiriéndose a esta postura como "moralidad geográfica," los autores añaden, "¿Es aceptable para un judío ser homosexual en Nueva York, Denver o Uganda, pero no en Belen?"[12]

Entonces, por supuesto, a esto le devienen los argumentos de que los cristianos de hoy selectivamente promueven las porciones de Levítico que les convienen – tales como los mandamientos contra el comportamiento homo-sexual – pero ignoran las partes que tratan con las restricciones dietéticas, las prácticas de agricultura y confección del vestido etc. En otras palabras, si los cristianos de hoy no observan todas las recetas levíticas, no tienen entonces el derecho a condenar la conducta homosexual.

¿Y entonces porque no observamos las leyes dietéticas? Porque Jesús las quito y declaro todo alimento limpio (Marcos 7:19). En relación a las leyes de separación de telas y semillas, estas fueron prescritas para distinguir a los Hebreos de sus vecinos; y en ninguna parte se registra que Dios haya castigado a las naciones vecinas de Israel por mezclar semillas o combinar telas, lo cual significa que estas si eran específicas para los Hebreos. En un claro contraste, no se observa en ninguna parte la Escritura que su prohibición contra el comportamiento homosexual sea exclusiva de un pueblo.

El autor cristiano Paul Copan va aún más allá ayudándonos a entender el propósito de Dios en relación a las aparentes "rarezas universales" de la Biblia, mientras que Sus leyes para los Israelitas parecen cubrir todo aspecto de la vida – leyes para la alimentación, leyes para el vestir, leyes para el cultivo, leyes civiles, leyes para el matrimonio y las relaciones sexuales – estas no fueron propuestas para ser exhaustivas, o necesariamente permanentes en todos los casos. Pero más bien, "eran leyes que servían primariamente como recordatorios visibles para vivir como el pueblo santo de Dios en todas las áreas de la vida. No se observa ninguna división entre lo sagrado y lo secular, entre lo santo y lo profano. Dios estaba preocupado en cuanto a la santidad de todas las cosas – de aquellas mayores y aquellas menores, de lo significativo y de lo mundano. En tal legislación, Israel iba a ser recordado de que era una nación distinta, un pueblo santo, separado para servir a Dios."[13]

Copan comenta que Dios le da a los Israelitas ciertas acciones que cumplir como una forma simbólica de decirles que no se mezclaran con los falsos caminos de las naciones. "Israel 'vistió' ciertas credenciales de distinción santa que los separaba de toda la corrupción moral y teológica de las naciones vecinas. No deberían de 'mezclarse con esas naciones,' con su mentalidad ni su conducta." Por ejemplo, la prohibición de mezclar dos tipos diferentes de semillas en un mismo campo, "pudo referirse a la practicas mágicas de los Cananeos de "casar" dos tipos diferentes de semillas para conjurar una cosecha fértil."[14]

ROMANOS. 1:26-27

Por esto Dios los entregó a **pasiones vergonzosas**; pues aun sus mujeres cambiaron el uso natural por el que es **contra naturaleza,** y de igual modo también los hombres, dejando el uso natural de la mujer, se encendieron en su lascivia unos con otros, cometiendo **hechos vergonzosos** hombres con hombres, y recibiendo en sí mismos la retribución debida a su **extravío**. (RV60)

- Por esa razón, Dios ha dejado que esa gente haga **todo lo malo** que quiera. Por ejemplo, entre ellos hay mujeres que no quieren tener relaciones sexuales con los hombres, sino con otras mujeres. Y también hay hombres que se comportan de la misma manera, pues no volvieron a tener relaciones sexuales con sus mujeres, sino que se dejaron dominar por sus deseos de tener relaciones con otros hombres. De este modo, **hicieron cosas vergonzosas** los unos con los otros, y ahora sufren en carne propia el castigo que se buscaron. (TLA)

- Por tanto, Dios los entregó a **pasiones vergonzosas**. En efecto, las mujeres cambiaron las relaciones naturales por las que van **contra naturaleza**. Así mismo los hombres dejaron las relaciones naturales con la mujer y se encendieron en **pasiones lujuriosas** los unos con los otros. Hombres con hombres cometieron **actos indecentes**, y en sí mismos recibieron el castigo que merecía su **perversión**. (NVI)
- Por esa razón, Dios los abandonó a sus **pasiones vergonzosas**. Aun las mujeres se rebelaron **contra la forma natural** de tener relaciones sexuales y, en cambio, dieron rienda suelta al sexo unas con otras. Los hombres, por su parte, en lugar de tener relaciones sexuales normales, con la mujer, ardieron en pasiones unos con otros. Los hombres hicieron c**osas vergonzosas** con otros hombres y, como consecuencia de **ese pecado**, sufrieron dentro de sí el castigo que merecían. (NIV)
- Por lo cual Dios los entregó a **afectos vergonzosos**; pues aun sus mujeres mudaron el natural uso en el uso que **es contra naturaleza**; y del mismo modo también los machos, dejando el uso natural de las hembras, se encendieron en sus **concupiscencias** los unos con los otros, cometiendo **cosas nefandas** machos con machos, y recibiendo en sí mismos la recompensa que provino de su **error**. (JBS)

Resumen

De todos los textos bíblicos sobre el debate de la atracción hacia el mismo sexo, Rom. 1:26-27 parece ser el más común y a menudo el más citado. Antes de proclamar las buenas nuevas de salvación por gracia y por medio de la fe, le es necesario a Pablo, plantear la necesidad humana del regalo divino, y lo hace en los primeros dos y medio capítulos al presentar su caso sobre la pecaminosidad de la humanidad.

El apóstol señala la homosexualidad en Rom. 1:26-27 para ilustrar la caída en espiral de depravación que le ocurre a los que rehúsan reconocer el Señorío de Dios sobre sus vidas. Dios se ha revelado a sí mismo a todas las gentes – incluyendo Su eterno poder y naturaleza divina – en la creación y la conciencia, dejando así a la gente sin excusa por rechazarle a Él y favorecer la idolatría y las pasiones depravadas (Rom. 1:18-23). Nadie podrá pararse delante de Cristo en el día del juicio y reclamar que él o ella no se dieron cuenta de que había un diseñador divino o un divino dador de la ley moral divina.

Mientras, que la gente rechaza la revelación de Dios y Sus santos estándares, Él les permite descender por la espiral y gradualmente llegar a la oscuridad más densa por preferir otros dioses, por profesar ser más sabios que su Creador, y por abrazar las pasiones carnales y llenos de incredulidad. Tres veces en Romanos 1, Pablo escribe que "Dios los entrego" – a "los deseos de su corazón," "a pasiones degradantes," y "a una mente réproba para hacer lo que es inmoral." Estos son acciones judiciales de parte de Dios por medio de las cuales esencialmente Él dice; "vive como quieras, pero toma nota de que tus pecados te consumirán."

Los versículos 26-27 forman un solo pensamiento, conectado con palabras introductorias, "Por esto Dios los entrego a..." estos versos no están marginados del resto de Romanos 1 pero encajan perfectamente entre el contexto del tema Paulino sobre la depravación humana. Dios los entrega a "pasiones vergonzosas," (HCSB) "Afectos viles," (KJV) y "Lujuria vergonzosa" (JBS). Como sea que la frase sea traducida, se refiere a los deseos y comportamientos que deshonran a Dios y degradan la dignidad humana.

Luego, Pablo presenta un ejemplo apropiado de estas conductas, escribiendo primero acerca del lesbianismo y luego del homosexualismo de varones. Las mujeres "cambiando las relaciones sexuales naturales por relaciones sexuales contrarias a la naturaleza," significando que voluntariamente buscaron las relaciones del mismo sexo en violación a la intención creativa de Dios. Luego, "los hombres de la misma forma dejaron las relaciones naturales con las mujeres y se envanecieron en sus apetitos lujuriosos unos con otros," ilustrando una vez más su rebelión consciente contra Dios y Sus estándares de santidad como son revelados en la naturaleza.

Pablo finaliza estos versículos llamando la conducta homosexual como "hechos vergonzosos" y señalando que estos hechos resultan en "el castigo merecido por su perversión." Este castigo incluye ambas cosas, consecuencias temporales por causa del estilo de vida gay – niveles más elevados de ciertas enfermedades físicas, trauma mental y emocional, etc.[15] – y luego las consecuencias eternas para aquellos que rechazaron la revelación divina y rehusaron arrepentirse. A las personas que se identifican con Romanos 1 se les sugiere que continúen leyendo Romanos, ya que Pablo introduce el remedio para la depravación humana – el regalo de Dios, el cual es vida eterna en Cristo Jesús nuestro Señor (Rom. 6:23).

Desafíos

Una de las objeciones es que Pablo estaba ignorante de la realidad sobre la orientación sexual. Supuestamente Pablo no tiene idea de que algunas personas naturalmente se sienten atraídas a las personas del mismo sexo. Por lo tanto, el no entiende bien el aspecto de la orientación sexual, la cual es ampliamente entendida y aceptada en nuestros días.

Respondiendo a esta apelación, es importante entender que este argumento implica al Espíritu Santo, quien inspiró la Escritura. Si Pablo no entiende el tema acerca del que está escribiendo, entonces el Espíritu Santo, o es ignorante del concepto moderno de la sexualidad, o descuidó el no haber inspirado a Pablo. Si el concepto moderno de la orientación sexual ha de ser tomado como una verdad, entonces la Biblia no puede ser confiable al revelar lo que significa ser un humano, hecho a la imagen de Dios y culpable de pecado, tal y como Dios lo define. Si Dios no sabe lo que significa ser gay en el Siglo 21, ¿Cuantas cosas más ignorará?

La conjetura de que Pablo es un ingenuo en cuanto a la "orientación sexual," es incoherente. La Asociación Americana de Psicología define la orientación sexual como "un patrón permanente de atracciones emocionales, románticas, y/o sexuales hacia hombres, mujeres o ambos sexos."[16] Note que la orientación involucra una atracción sexual permanente de una persona y la atracción sexual es virtualmente un sinónimo de deseo. Así mismo, la orientación sexual es un patrón persistente de "atracción sexual" o "deseo" hacia uno u otro o los dos sexos.

No hay razón para creer que Pablo no estaba completamente consciente de las "atracciones y deseos" humanos sin importar cuan pecaminosos son. Para ampliar un poco, es bueno notar que Pablo proviene de Tarso, una ciudad importante del Imperio Romano. Él fue bien entrenado, era un orador capaz, y estaba muy familiarizado con las culturas Romana y Griega. Por lo tanto, es inadmisible afirmar que él no sabía nada acerca de la gente que profesaba la homosexualidad como su "orientación." En el *Simposio* de Platón, escrito siglos antes de la carta de Pablo a los Romanos, se demuestra que los hombres de las culturas ancestrales estaban consientes en alto grado del comportamiento homosexual, aun cuando no usaban el término "orientación."

Veamos las palabras de Pablo: se refiere a "pasiones degradantes" o atracciones/deseos, y describe aquellos que se han "envanecido en su lujuria unos con otros." Como escribiera Denny Burk, "El deseo sexual consumado con alguien del mismo sexo es pecaminoso, y es por eso que el juicio de Dios justamente cae sobre ambas cosas, los deseos y las acciones. Una vez más, el asunto que Pablo está tratando nos es meramente la conducta sexual pero también la atracción hacia el mismo sexo."[17]

Un Segundo argumento es que Pablo solo está condenando actos opresivos, pederastas, o actos homosexuales socialmente mezclados. Esto es lo Pablo quiere decir con la frase "contra naturaleza."

En respuesta, debemos señalar numerosas conexiones lingüísticas entre Rom. 1:26-27 y las narrativas de la creación en Génesis 1-2. Por ejemplo, el uso que Pablo le da a las palabras relativamente inusuales *thelys* para mujeres y *arsen* para los hombres, fuertemente sugiere que él se respalda con el registro histórico de la creación en Génesis 1 en donde las mismas dos palabras son empleadas en la septuaginta, la traducción griega del Antiguo Testamento. Estos dos términos enfatizan las diferencias sexuales entre hombres y mujeres y sugieren que las relaciones homosexuales violan la intención creativa de Dios. Para Pablo, parece claro que la frase "contra naturaleza," significa conducta homosexual que va en contra del diseño creativo de Dios.

Un tercer argumento es que la frase "contra naturaleza" se refiere a heterosexuales que avanzan más allá de los límites explorando así la homosexualidad. Esta es una forma indirecta de torcer las palabras de Pablo en una afirmación de que el comportamiento homosexual, es "natural para mí." Pero involucrase en la *eisegesis* – o leer un significado particular en el texto – es colocar el pensamiento depravado humano por encima de la sencilla Palabra revelada de Dios. El contexto entero de Romanos discute contra esta misma clase de razonamiento. De hecho, decir que la homosexualidad es "natural para mí," y por lo tanto buena, es respaldar el punto de vista de Pablo, cuando dice que el rechazar la revelación de Dios en la creación y la conciencia, resulta en el pensamiento irracional y en una conciencia entenebrecida.

Hay otras objeciones, menos comunes, al entendimiento evangélico de Rom. 1:26-27, incluyendo: (a) el punto de vista de que los pecadores mencionados en este pasaje son idolatras que se involucran en el comportamiento homosexual como una forma de negar la existencia de Dios, por lo tanto "los cristianos homosexuales" no están bajo la lupa aquí; (b) El argumento que Pablo solo limita sus pronunciamientos al contexto social y geográfico de sus días; y (c) el argumento de que Pablo está hablando solamente de las leyes de pureza judías, consecuentemente tornando el pasaje irrelevante a la sociedad liberal de hoy.

Podemos responder mencionando: (a) Toda la Escritura discute contra la idea de un "Cristiano homosexual" – quien es uno que abraza los conceptos mutuamente exclusivos de la fe en Cristo y un comportamiento no arrepentido que la Escritura siempre llama pecaminoso; (b) el contexto de Romanos 1 deja en claro que Pablo está escribiendo acerca de los deseos y comportamientos que son contrarios a los estándares revelados por Dios, los cuales son inmutables; y (c) aquellos que sostienen este punto de vista están reconociendo que las Escrituras hebreas verdaderamente condenan el comportamiento homosexual; aún más , el repetido uso que Pablo le da a términos universales para describir el rechazo de la humanidad contra la revelación de Dios de sí mismo, argumenta a favor de una explicación amplia.

Un pensamiento final en este pasaje de Romanos: Como Richard B. Hays señala, no podemos separar nuestra lectura y los juicios contra el comportamiento injusto del resto de la carta de Romanos con su mensaje de gracia y esperanza por medio de la cruz de Cristo. La lucha no es fácil, pero los cristianos hemos sido libertados del poder del pecado a través de la muerte de Cristo, y hemos de continuar la lucha de vivir fielmente en el presente.[18]

1 CORINTIOS 6:9-10 Y 1 TIMOTEO 1:9-11

1 Cor. 6:9-10 - ¿No sabéis que los injustos no heredarán el reino de Dios? No erréis; ni los fornicarios, ni los idólatras, ni los adúlteros, ni **los afeminados**, ni **los que se echan con varones**, ni los ladrones, ni los avaros, ni los borrachos, ni los maldicientes, ni los estafadores, heredarán el reino de Dios. (RVR60)

- No se dejen engañar. Ustedes bien saben que los que hacen lo malo no participarán en el reino de Dios. Me refiero a los que tienen relaciones sexuales prohibidas, a los que adoran a los ídolos, a los que son infieles en el matrimonio, a **los afeminados**, a los hombres **que tienen relaciones sexuales con otros hombres**... (TLA)
- ¿No saben que los malvados no heredarán el reino de Dios? ¡No se dejen engañar! Ni los fornicarios, ni los idólatras, ni los adúlteros, ni los **sodomitas**, ni los **pervertidos sexuales**...(NVI)
- ¿No se dan cuenta de que los que hacen lo malo no heredarán el reino de Dios? No se engañen a sí mismos. Los que se entregan al pecado sexual o rinden culto a ídolos o cometen adulterio o son **prostitutos** o practican la **homosexualidad**... (NTV)

- ¿O acaso no saben que los que hacen el mal no van a tener parte en el reino de Dios? No se engañen a ustedes mismos. Ni los que practican el pecado sexual, ni los adoradores de ídolos, ni los que cometen adulterio, ni los hombres que **se dejan usar para tener sexo con otros hombres**, ni los **hombres que tienen sexo con ellos**... (PDT)

1 Tim. 1:9-11 - conociendo esto, que la ley no fue dada para el justo, sino para los transgresores y desobedientes, para los impíos y pecadores, para los irreverentes y profanos, para los parricidas y matricidas, para los homicidas, para **los fornicarios**, para **los sodomitas**, para los secuestradores, para los mentirosos y perjuros, y para cuanto se oponga a la sana doctrina, según el glorioso evangelio del Dios bendito, que a mí me ha sido encomendado. (RVR60)

- ... los hombres que tienen **relaciones sexuales con otros hombres**... (TLA)
- ... para los **adúlteros** y los **homosexuales** ... (NVI)
- ... los que cometen **inmoralidades sexuales** que practican **la homosexualidad** ... (NTV)
- ... para los **inmorales, homosexuales** ... (LBLA)

Resumen

Estos dos pasajes tratan asuntos morales que enfrentaban la congregación de Corinto y el ministerio de Timoteo. Corinto en particular es conocida por sus pecados sexuales y su inmoralidad repulsiva, debido en parte a la peculiar adoración pagana del templo de la prostitución. Pablo, quien paso 18 meses en Corinto, comienza con las siguientes palabras: "no sabéis..." 1 Cor. 6:9 y luego le continua con, "No os engañéis..."

El apóstol está reafirmando lo que ya antes les había enseñado: el reino de Dios es un reino de justicia. Sentado en el trono esta un Rey justo. Aquellos que permanecen en oposición contra el Rey justo se han excluido a si mimos de la ciudadanía de Su reino. Pablo también advierte del peligro de falsos maestros que entran a la iglesia y engañan a los seguidores de Jesús llevándolos a creer que ciertas conductas pecaminosas deben ser aceptables – quizás aún celebradas.

Es importante notar que de toda la lista de pecados mencionados en 1 Cor. 6:9-10 solo uno no está en la lista de Levítico capítulos 18-20 y es la borrachera. Esto respalda la idea que Pablo está citando este pasaje particular de Levítico. Esto se aclara aún más cuando vemos la palabra Griega *arsenokoites*, una palabra que no se encuentra en la literatura previa a los escritos Paulinos. Pablo, el apóstol a los gentiles, está bien familiarizado con la Septuaginta (también conocida como la LXX), la traducción griega del Antiguo Testamento. Donde la LXX difiere del texto Hebreo, Pablo prefiere la LXX, muy posiblemente porque él sabía que su audiencia está más familiarizada con esta versión.

¿Porque es esto importante? Porque cuando analizamos los términos usados en la LXX en Lev. 18:22 y Lev. 20:13, encontramos las palabras *arsenos* (hombre) y *koiten* (sexualmente acostarse con, tener coito). El término "homosexuales" en 1 Cor. 6:9 está compuesto de estos dos términos: *arsenos* and *koiten*, resultando *arsenokoites*. Pablo pudo haber tomado esta palabra de las discusiones rabínicas con respecto a la homosexualidad, o el mismo pudo haberla acuñado. De cualquier forma, el uso que Pablo le da a esta palabra, conecta 1 Cor. 6:9-10 y 1 Tim. 1:9-11 con los mandamientos contra el comportamiento homosexual encontrados en Levítico 18 y 20. Además, debemos recordar que la prohibición de la conducta homosexual en Levítico, no está restringida a la prostitución, o la pederastia o cualquier otra categoría de homosexualidad, mas condena toda forma de inmoralidad de atracción hacia el mismo sexo.

Pero todavía hay buenas noticias. Algunos de los corintios fueron rescatados de dichos comportamientos inmorales por medio del poder salvífico del Señor Jesucristo. 1 Cor. 6:11 dice, "Y esto erais algunos; mas ya habéis sido lavados, ya habéis sido santificados, ya habéis sido justificados en el nombre del Señor Jesús, y por el Espíritu de nuestro Dios." Pablo no está escribiendo a "cristianos gay;" él está tratando con aquellos que una vez estuvieron atrapados en los deseos y la conducta homosexual pero que ahora estaban transformados por medio de la obra divina de regeneración, justificación y santificación.

El cambio es posible – no necesariamente instantáneo o fácil. Pero cuando una persona le confía su vida al Señor Jesús, viene a ser lavado – regenerado, o nacido del Espíritu y una nueva vida le es otorgada. Además es *declarado* justo a través del acto soberano de la justificación – y en consecuencia exonerado de la pena de todos sus pecados – es entonces *hecho* justo en el curso de su vida mientras que el Espíritu Santo, morando en él, le santifica y lo conforma a la imagen de Cristo.

Escribiendo a Timoteo y a Tito, Pablo expresa su preocupación profunda por la siguiente generación de líderes cristianos. Pablo se involucra e invierte su vida en la vida de estos nuevos líderes. Les escribe exhortándoles a permanecer fieles frente a la oposición contenciosa. En su primera carta a Timoteo, Pablo le recuerda a su amado joven amigo, que mientras la salvación no es alcanzada por medio de la Ley, la Ley no obstante sirve con correcto propósito para exponer la pecaminosidad humana.

En 1 Tim. 1:9-11, Pablo identifica tres categorías de pecadores: los transgresores y desobedientes, los impíos y pecadores, los irreverentes y profanos. Luego menciona una lista especifica de tipos de pecadores después de estos encabezados, incluyendo los "sexualmente inmorales y homosexuales (fornicarios y sodomitas)." La palabra "homosexuales" en Griego es *arsenokoites*, que encontramos en 1 Cor. 6:9-10. Pablo se refiere a los homosexuales como aquellos para quienes la Ley fue conferida de esta manera conectando este pasaje con Levítico. Ya que estas prohibiciones de Levítico les son bien conocidas, y porque Timoteo sin duda está al tanto de las enseñanzas previas de Pablo en cuanto del asunto, no hubo necesidad de que Pablo ampliara más sobre este pasaje.

Inmediatamente, los escritos de Pablo a los Corintios y a Timoteo tratan el problema de la conducta homosexual. Pablo conecta estos pasajes con Levítico y por lo tanto condena toda forma de conducta de atracción hacia el mismo sexo. Pero también incluye la esperanza: por medio de su obra completada en la cruz, Jesús pago la deuda por estos pecados y nos invita a arrepentirnos y creer en El para hallar perdón y una transformación de vida. Por causa de Cristo, algunos quienes habían estado involucrados en la conducta homosexual y lésbica, ahora pueden gozosamente declarar que han sido lavados, santificados y justificados en el nombre del Señor Jesucristo y por el Espíritu de nuestro Dios.

Desafíos

Un argumento es que las traducciones al inglés fracasan en capturar correctamente el significado del término Griego *arsenokoites*, que normalmente traduce "homosexuales" o "aquellos que practican la homosexualidad." Para una comprensión más exacta, se dice, es excesiva lujuria y pederastia (relaciones entre un hombre y un menor del mismo sexo) o la prostitución masculina. Estas actividades sexuales dominaban el contexto Greco-Romano en el que Pablo vivió.

En respuesta, debemos notar que el termino *arsenokoites* no aparece en ninguna parte de la literatura Griega hasta que Pablo acuña el termino aquí, de acuerdo a Denny Burk, profesor del Colegio de Estudios Bíblicos Boyce y autor de ¿Cuál es el significado del sexo?[19] hay otras palabras para el comportamiento homosexual, pero Pablo decide no usarlas. En vez, Pablo decide acuñar un término que deriva de la traducción Griega de Levítico 20:13, *arsenos koiten*, y así conectando 1 Cor. 6:9-10 y 1 Tim. 1:9-11 con Levítico.

Otro argumento es que Pablo condena abusos de homosexualidad, no la actividad entre personas del mismo sexo en general. Ya que el enlista la homosexualidad junto con otros abusos de actividades legitimas – por ejemplo, la inmoralidad sexual como un abuso a las relaciones amorosas y monógamas– es el mal uso de la homosexualidad, no el homosexualismo en sí mismo, lo que es el problema.

En respuesta, primero hay que notar que la objeción asume que hay alguna forma aceptable de la conducta del mismo sexo; pero como hemos visto a través de este estudio, la Biblia nunca condona la conducta de atracción hacia el mismo sexo de cualquier tipo. Más aun, debemos señalar que Pablo ofrece una lista de comportamientos que son pecaminosos en sí mismos – inmoralidad sexual, idolatría, adulterio, etc. – y la homosexualidad es parte de la lista.

¿Finalmente, debemos preguntarnos: existe algún grado de inmoralidad sexual que Dios encuentra aceptable? ¿O cierta clase de idolatría? ¿Adulterio? ¿Puedo acaso justificar el robo si discuto que nací con la tendencia natural de tomar las cosas que no me pertenecen? Cuando llevamos este argumento a su conclusión lógica, notamos que Pablo no hace ninguna excepción para ninguna forma de conducta homosexual.

Debemos vivir como una comunidad de creyentes que recibe a los pecadores como lo hizo Jesús, demostrando su humildad y amor sacrificial y al mismo tiempo, su justicia divina.

4

LA CLARIDAD DE LA ESCRITURA

Siete verdades claves

Mientras que exploramos la enseñanza Bíblica sobre la homosexualidad, por lo menos, siete verdades emergen.

1. la Biblia condena todas las formas de conducta sexual fuera del lazo matrimonial heterosexual, monógamo y de toda la vida. La homosexualidad no es una clase de pecado especial que lo haga un acto menor o peor de rebelión contra Dios que el sexo premarital, la poligamia, la poliandria, la pornografía u otros pecados sexuales. No le hacemos justicia a la Palabra de Dios, y a aquellos que luchan con la atracción hacia el mismo sexo, cuando hacemos de la conducta homosexual, una clase especial de pecado.

2. Dios ha hablado claramente. La Biblia nunca ha hablado de la homosexualidad de una forma positiva – ni neutral. Las Escrituras, siempre han descrito como pecaminosas, las relaciones sexuales entre personas del mismo sexo. La Biblia describe tal conducta como "una abominación," "degradante," "innatural," "vergonzosa," y una "perversión." Quienes cometen actos homosexuales, y se niegan a reconocerlos como pecaminosos, rechazando el llamado al arrepentimiento, están fuera el Reino de Dios.

3. El propósito creativo de Dios para las relaciones sexuales es bueno. Dios creó varón y hembra, y diseñó una unión sexual complementaria única, para nosotros, en el lazo del matrimonio heterosexual, monógamo y de toda la vida. Resumiendo, la narrativa cristiana de hace 2,000 años sobre sexualidad y el matrimonio, Emmanuel Pascal Gobry, escribe, "El acto sexual está destinado para reflejar el amor de Dios, fomentando una unión a la vez corporal y espiritual – y creando vida nueva. ...La fecundidad del acto matrimonial refleja que Dios es un Creador y que ha dado al hombre el privilegio de ser un agente de su labor constante de Creación. Y, finalmente, si el amor de Dios significa entrega total hasta la muerte en una cruz, entonces el hombre y la mujer deben entregarse el uno al otro totalmente – sin reservas, sin adulterio, sin poligamia, sin divorcio y sin relaciones extramaritales."[20]

Génesis 1-2 establece por lo menos siete normas para el matrimonio: el matrimonio es un Pacto, es sexual, es procreativo, es heterosexual, es monógamo, no es incestuoso y es simbólico del Evangelio, según Denny Burk en *¿Cuál es el significado del sexo?*[21]

4. Jesús sostiene las enseñanzas del Antiguo Testamento sobre la sexualidad y el matrimonio. Mateo 19:1-12 nos instruye al respecto. Después que Jesús cruzo el Jordán, hacia Judea los fariseos le tentaban preguntándole, "¿Es lícito al hombre repudiar a su mujer por cualquier causa?" En lugar de debatir la legalidad de los matrimonios fuera de la ley, Jesús lleva los líderes religiosos de regreso al jardín del Edén; "Él, respondiendo, les dijo: ¿No habéis leído que el que los hizo al principio, varón y hembra los hizo, y dijo: ¿Por esto el hombre dejará padre y madre, y se unirá a su mujer, y los dos serán una sola carne? Así que no son ya más dos, sino una sola carne; por tanto, lo que Dios juntó, no lo separe el hombre."

Le dijeron: ¿Por qué, pues, mandó Moisés dar carta de divorcio, y repudiarla? Él les dijo: Por la dureza de vuestro corazón Moisés os permitió repudiar a vuestras mujeres; más al principio no fue así."

Está muy claro, que el Señor no ha cambiado sus razones por las que creo al hombre y la mujer, y es claro que Dios no ha hecho "ajustes divinos," (permitir el divorcio bajo los términos de la Ley Mosaica) claramente, el Señor no ha rebajado sus estándares para la pureza sexual y el matrimonio. No existe ningún arreglo divino que avale la conducta homosexual.

5. Los cristianos compartimos con nuestros amigos homosexuales las luchas contra los deseos pecaminosos. Todo el mundo nace con "pecado original," – una tendencia natural a vivir independientemente de Dios. Cuando actuamos de acuerdo a los deseos carnales, violamos las normas santas de Dios y nos hallamos con la desesperada necesidad de su gracia salvadora. El apóstol Pablo, citando los Salmos, nos recuerda, "No hay justo, ni aun uno; No hay quien entienda, No hay quien busque a Dios. Todos se desviaron, a una se hicieron inútiles; No hay quien haga lo bueno, no hay ni siquiera uno." (Rom. 3:10-12). Luego Pablo también nos recuerda en Rom. 3:23, "por cuanto todos pecaron, y están destituidos de la gloria de Dios," y luego señala ambas cosas, las consecuencias de nuestros pecados y el remedio, "Porque la paga del pecado es muerte, más la dádiva de Dios es vida eterna en Cristo Jesús Señor nuestro." (Rom. 6:23). Pablo aún se presenta a sí mismo como el peor entre todos los pecadores. (1 Tim. 1:15).

Los cristianos estamos lejos de ser perfectos. Luchamos con pecados como la avaricia, la ira, la mentira, el egoísmo, la arrogancia y todas las otras maneras en las que la humanidad se rebela contra nuestro Creador. El recordar nuestras tendencias pecaminosas nos ayuda a ver los pecados de otras personas de manera más precisa y clara. Sí, los cristianos tenemos el Espíritu

Santo morando en nosotros y nos da poder sobre el pecado. Pero a menudo cedemos a nuestros deseos carnales e incluso ofrecemos excusas tales como "No puedo evitarlo" o, "Siempre he tenido esta debilidad." Tal vez el recuerdo de las vigas en nuestros propios ojos nos ayudará a lidiar más con aquellos que sufren la paja en el ojo de ellos. Esta similitud con nuestros amigos gay y lesbianas nos hace vulnerables, pero también más genuinos y compasivos.

6. La gente puede cambiar. Pablo aclara en 1 Cor. 6:9-11. Comenzando con una negativa: "¿No sabéis que los injustos no heredarán el reino de Dios? No erréis; ni los fornicarios, ni los idólatras, ni los adúlteros, ni los afeminados, ni los que se echan con varones, ni los ladrones, ni los avaros, ni los borrachos, ni los maldicientes, ni los estafadores, heredarán el reino de Dios." Luego, les recuerda a los creyentes, "Y esto erais algunos; mas ya habéis sido lavados, ya habéis sido santificados, ya habéis sido justificados en el nombre del Señor Jesús, y por el Espíritu de nuestro Dios."

La evidencia indica que la atracción hacia el mismo sexo, por lo general se descubre temprano en la vida y requiere una combinación de factores biológicos, psicológicos y ambientales, y que tienden a permanecer generalmente toda la vida.[22] En otras palabras, una persona que se siente atraída hacia personas del mismo sexo, probablemente tendrá que luchar con eso durante toda su vida. La diferencia es que El que está en nosotros – El Espíritu Santo – es mayor que el que está en el mundo.

Dios nos da la habilidad de superar aun los impulsos pecaminosos más fuertes.

Numerosos testimonios de personas ex homosexuales y cristianos que reconocen haber sentido atracción hacia el mismo sexo, han permanecido célibes, y sirven como un testimonio del poder transformador de Cristo. Consideremos, por ejemplo, a Wesley Hill, profesor suplente de Estudios Bíblicos en la Escuela Trinity para Estudios Ministeriales, y a Julie Rodgers, asociado ministerial del cuidado espiritual en el Colegio Wheaton. Ambos, quienes, habiendo luchado con la atracción hacia el mismo sexo, reconocieron que la conducta homosexual y lesbiana, es pecaminosa. Ambos han escogido vivir en el celibato mientras sirven en sus cargos de liderazgo cristiano.

Debemos notar que la Biblia tiene algo que decir sobre el celibato. La Biblia debilita nuestra obsesión cultural con la satisfacción sexual. Las escrituras dan testimonio de que los seguidores de Jesús pueden tener una vida de plena libertad, alegría y servicio sin practicar relaciones sexuales. Mat. 19:10-12 y 1 Cor. 7:1-9, 25-40 recomiendan la vida célibe como una forma de fidelidad al Señor. Debemos reconocer el poder de los impulsos sexuales y sujetarlos a restricciones, ya sea por medio del matrimonio o por medio de la abstinencia disciplinada. Pero nunca dentro de la perspectiva Bíblica, la sexualidad se convierte en la base para definir la identidad de una persona o para encontrar significado en la vida. El amor de Dios es mucho más importante que cualquier amor humano. La satisfacción sexual encuentra su lugar, mucho mejor, como un bien subsidiario en este panorama más amplio.[23]

¿Cómo cuestionamos a los auto-definidos cristianos homosexuales para reformar su identidad con el Evangelio? A pesar de la opinión de nuestra cultura, la satisfacción sexual no es un sacramento y el celibato no es el peor final como lo es la muerte. La abstinencia sexual puede promover una vida "dedicada al Señor sin distracciones." (1 Cor. 7:35).

7. Debemos de recibir bien en nuestras Iglesias a aquellos que luchan con la atracción hacia el mismo sexo. Esto no significa que los que viven un estilo de vida abiertamente gay y sin arrepentimiento, deban recibirse como miembros, o desempeñar algún papel en el liderazgo de la iglesia. Pero como señalo Andy Stanley, pastor titular de la Iglesia North Point Community Church en Alpharetta, Georgia, en la conferencia catalítica del Oeste en el 2015, la congregación local debe ser "el lugar más seguro del planeta para los jóvenes que necesitan hablar de cualquier cosa, incluyendo la atracción hacia el mismo sexo."[24] Por extensión, la iglesia ha de ser un lugar seguro para *cualquier* persona que lucha contra la atracción hacia el mismo sexo, y darles la oportunidad de ser integrados a la conversación cándida y cordial.

No debemos negar la membresía de la iglesia a aquellos que confiesan sentir la atracción hacia el mismo sexo, *pero* que a la ves admiten que esos deseos y conductas son pecaminosos – y que buscan vencer estos deseos pecaminosos y conducta a través del poder de Dios y la rendición de cuentas al liderazgo y a la comunidad de los creyentes. ¿No podemos también considerar la misma rendición de cuentas ante Dios y Su iglesia a aquellos que luchan con la lujuria heterosexual, el chisme, el orgullo o la glotonería? Al mismo tiempo, debemos ser consistentes en la conducta Bíblica y la Disciplina de la iglesia. Porque si dos personas viven en una relación fuera del matrimonio, o en adulterio, o cualquier otra actividad que la Biblia claramente condena, tenemos que seguir el patrón de disciplina en la Iglesia que Jesús establece en Mateo 18 y vemos ejemplificado en otros pasajes de las escrituras.

En resumen, Dios ha hablado claramente acerca del asunto de la conducta homosexual; La Escritura nunca habla positivamente de esta – y además, la describe como pecaminosa. Dios nos creó a Su imagen y para relacionarnos, y Su intención creativa para el hombre y la mujer es una relación heterosexual, monógama, de toda la vida, bajo el confinamiento del lazo matrimonial, que refleja la relación de Cristo y Su Iglesia. Cuando tentaron a Jesús con respecto al divorcio, El Señor llevo a los Fariseos de regreso al propósito creativo de Dios para el matrimonio y la conducta sexual apropiada.

El homosexualismo no es ni una clase especial de pecado ni es imperdonable. Todos tenemos deseos carnales, y todos actuamos bajo tendencias que nos son naturalmente inherentes, con la intención de vivir independientes de Dios. Pero Dios no nos dejó ahí. El hizo algo al respecto. El envío a Su Hijo a la tierra, añadiendo a su deidad, Su humanidad impecable, vivió una vida perfecta, y en la cruz tomo nuestros pecados. A través de su muerte, sepultura y resurrección, El conquisto la victoria contra Satanás, contra el pecado, y la muerte por nosotros, de modo que podamos recibir perdón por nuestros pecados, vida eterna, y la presencia de su Santo Espíritu, quien provee una avenida de escape contra los más desafiantes deseos pecaminosos. (ver 1 Cor. 10:13).

La iglesia debe ministrar a aquellos que luchan contra la atracción hacia el mismo sexo, sabiendo que una vez, también nosotros fuimos esclavos de conductas pecaminosas, pero que ahora hemos sido lavados, santificados y justificados. La homosexualidad es una forma de pecado y no es mayor ni menor que otro pecado, sin embargo, su esclavitud puede adherirse más fuertemente y puede traer consecuencias graves físicamente, emocionales y relacionales más que otros pecados. Puede ser que algunos de nuestros hermanos o hermanas cristianos, estén luchando con diversos grados de atracción hacia el mismo sexo toda su vida – pero nosotros debemos estar allí luchando junto con ellos.

Debemos vivir como una comunidad de creyentes que recibe a los pecadores como lo hizo Jesús, demostrando su humildad y amor sacrificial y al mismo tiempo, su justicia divina. En medio de una cultura que exalta la auto-gratificación y en una iglesia que a veces predica un falso Jesús quien tolera nuestros deseos, aquellos que buscan la senda angosta de la obediencia, tienen una poderosa palabra que decir.[25]

¿Qué diferente seria el tema de la atracción hacia el mismo sexo si la Iglesia siempre hubiera visto la homosexualidad como uno de los muchos pecados naturales a los cuales muchas personas son arrastradas por razón de vivir en un mundo caído? ¿Y que si todos desde siempre hubiésemos abiertamente hablado acerca de las tentaciones sexuales que todos enfrentamos?[26]

La Biblia expresa el corazón de
un Dios inmutable quien habla
al corazón rebelde de los hombres.
Mientras que los tiempos cambian,
el corazón humano no cambia;
sigue siendo engañoso y perverso
más que todas las cosas

5

PERO QUE EN CUANTO A...

Objeciones comúnmente presentadas

En sequida señalaremos algunas objeciones que comúnmente son levantadas contra el punto de vista bíblico sobre la conducta de la atracción hacia el mismo sexo.

YO NACÍ ASÍ

Si la homosexualidad fuera genéticamente determinada, entonces deberíamos verla en la misma categoría de raza y género, colocando así a los homosexuales en la misma clase protegida como las minorías raciales y las mujeres. Esto además les facilita a los activistas de LGBT catalogar a aquellos que se oponen a la conducta homosexual como opresores y antagónicos a los derechos civiles. Esta es una estrategia inteligente, como lo dicen los resultados de las encuestas del Pew Research Center, que define una correlación directa entre la creencia que la homosexualidad es biológicamente inherente y el respaldo a favor del matrimonio entre personas del mismo sexo.[27]

Podemos legítimamente cuestionar la validez de la investigación que concluye la naturaleza biológica del homosexualismo, preguntando si dicha investigación ha sido autenticada bajo un verdadero escrutinio y bajo la autoridad de expertos. Al mismo tiempo, debemos entender que los estudios solo se enfocan en las *causas* del homosexualismo, pero no en su normalidad o moralidad, según Joe Dallas, consejero cristiano, conferencista, y autor. Finalmente, debemos estar preparados para responder con gracia y claridad si de verdad los estudios han exitosamente conectado la biología con la homosexualidad.

El argumento del "gay por nacimiento" está basado en la creencia de que lo que somos es lo que estábamos destinados a ser. Pero hay mucho material para contrarrestar esta postura. Somos imperfectos desde nuestra concepción. Todos nosotros nacimos en pecado. Algunos de nosotros nacemos con defectos congénitos, o naturalmente inclinados al comportamiento antisocial. Nuestra naturaleza humana esta caída y por lo tanto nuestras tendencias solo nos dicen lo que es, pero no lo que debe ser.

A propósito, la disputa de la idea "yo nací así" no está limitada a la atracción hacia el mismo sexo con respecto a la sexualidad humana. En un artículo reciente del *New York Times* por Richard A. Friedman, cita una nueva investigación mostrando que algunas mujeres, así como hombres, están "biológicamente inclinadas a cambiar." Las mujeres que portan ciertas variantes del gene receptor vasopresina (hormona antidiurética) son más propensas a involucrarse en una "relación extra vincular." un eufemismo científico para la infidelidad sexual.

No obstante, en su reporte del descubrimiento científico, Friedman se apresura a señalar dos consejos: "lo correlativo no es lo mismo que lo causativo; sin duda existe un desmedido número de factores que contribuyen a la infidelidad. Y raramente dicho comportamiento se debe a una simple variante genética." Luego pregunta, "¿entonces tenemos permiso moral si sucede que somos portadores de estos genes de infidelidad? Nunca. No escogemos nuestra composición genética ni tampoco podemos controlar nuestros genes, sin embargo, si podemos usualmente decidir qué hacer con nuestras emociones e impulsos que estos (los genes) ayudan a crear."[28]

Joe Dallas escribe, "David se lamenta de haber sido concebido en pecado (Sal. 51:5) y Pablo confirma ambas cosas, la naturaleza pecaminosa innata, y nuestra lucha continua con el (Rom. 6-7). La primera tragedia humana que vemos en la escritura constata esto, mientras Dios le informa a Adán que el impacto que el pecado ha causado en él y su descendencia, es tanto físico como espiritual. (Gen. 3:17-19; ver también (Rom. 5:12-20). La naturaleza de pecado se auto manifiesta desde el nacimiento y altercamos con esta hasta el día de nuestra muerte."[29]

Nuestros amigos gay nos dirán, "no puedo cambiar mi preferencia sexual; y yo no pedí ser así." Esta es una maravillosa oportunidad que tenemos para afirmarles lo valiosos que son como personas, hechas a imagen de Dios, y al mismo tiempo hacerles saber la magnitud del pecado. La atracción hacia el mismo sexo es una de muchas manifestaciones de nuestra naturaleza caída. Al mismo tiempo, las respuestas deliberadas, e inmorales a nuestros deseos "naturales," son actos de rebelión contra Dios y por lo tanto pecaminosos y destructivos.

Podemos también animar a nuestros amigos cristianos que luchan con la atracción hacia el mismo sexo, señalándoles a través de Cristo la belleza del sufrimiento de la vida cristiana. Aunque siendo el Hijo de Dios, Jesús "aprendió la obediencia por medio de sus sufrimientos" (Heb. 5:8). El apóstol pablo escribe que su meta es "a fin de conocerle, y el poder de su resurrección, y la participación de sus padecimientos, llegando a ser semejante a él en su muerte" (Phil. 3:10). Después de haber sido apedreado y dejado por muerto afuera de Listra, Pablo regreso con Bernabé, "confirmando los ánimos de los discípulos, exhortándoles a que permaneciesen en la fe, y diciéndoles: Es necesario que a través de muchas tribulaciones entremos en el reino de Dios." (Hech. 14:22). Por último, Pablo escribe a los Romanos: "Y no sólo esto, sino que también nos gloriamos en las tribulaciones, sabiendo que la tribulación produce paciencia; y la paciencia, prueba; y la prueba, esperanza; y la esperanza no avergüenza; porque el amor de Dios ha sido derramado en nuestros corazones por el Espíritu Santo que nos fue dado." (Rom. 5:3-5).

La Asociación Americana de Psicología define la orientación sexual como "Un patrón permanente de atracciones emocionales, románticas o sexuales hacia hombres, mujeres o ambos sexos." Al describir el origen de esta atracción, la AAP es honesta al decir que "A pesar de que muchas investigaciones han examinado las posibles influencias genéticas, hormonales, de desarrollo, sociales y culturales en la orientación sexual, no han surgido resultados que permitan a los científicos concluir que la orientación sexual es determinada por un factor o factores particualres."[30]

"No obstante la cantidad de evidencias sobre el origen de la homosexualidad, "escribe Joe Dallas, "todavía señala a una combinación de factores biológicos, psicológicos y ambientales como su raíz... aun así, cualquiera que sea su causa, la orientación homosexual suele descubrirse, no elegirse."[31]

Los deseos podrán ser involuntarios, pero las acciones son elegidas. Como Dallas lo señala:

1. La homosexualidad, como muchas tendencias sexuales o emocionales, parecen manifestarse a temprana edad

y permanecen profundamente arraigadas durante toda la vida; sin embargo, aunque la orientación homosexual no sea elegida, el comportamiento homosexual si es claramente elegido; de modo, que quienes lo eligen, son moralmente culpables.

2. "La no elección" o "incambiable" no necesariamente significan "que es innato." Aún es incierto qué papel juega la genética, la biología u otros factores en la formación de los deseos homosexuales.

3. "Innato" no significa "normal" ni "determinado por Dios." Hay muchas condiciones innatas o congénitas, pero su origen no determina su normalidad o moralidad. Tales determinaciones requieren un estándar más sustancioso que la sola explicación de haber "nacido asi."[32]

La conducta sexual a veces es relegada a un asunto secundario. "no le afecta nadie," a veces escuchamos. "Lo que yo hago en lo privado de mi casa es asunto mío no me afecta en nada." Pero la conducta – pública o privada – es importante, y la conducta sexual no es la excepción.

La creación del hombre y la mujer incluye el diseño de Dios para el placer y la procreación en la unión sexual, la cual luego aparece como "tipo" del compromiso íntimo y apasionado de Dios por Su pueblo. (Ver Isa. 54:5-6; Os. 2:19-20; Ef. 5:22-33). Sin embargo, el comportamiento homosexual, nunca es mencionado positivamente en la Escritura. Mientras que la relación monógama y de toda la vida entre un hombre y una mujer es la expresión más grande de las intenciones íntimas de Dios para con Su pueblo.

DEJEN DE JUZGARME

A causa de que los cristianos creemos que la Biblia condena la conducta homo-sexual, los defensores de esta conducta arremeten contra nosotros acusándonos de "juzgar" a la gente del movimiento LGBT en violación a las Palabras de Jesús, "No juzguéis, para que no seáis juzgados" (Mat. 7:1). ¿Porque los cristianos son tan obsesivos en condenar aquellos involucrados en la conducta homo-sexual, mientras que permanecen callados en cuanto al asunto del adulterio, o respecto a conductas de la unión libre fuera del compromiso matrimonial y frente a un número de otros comportamientos contrarios a la Escritura? ¿No deberían de corregir sus propias conductas antes de juzgar a otros?

Respondemos a esto diciendo, tal vez deberíamos comenzar por aceptar que muchos cristianos imponen una moral doble al condenar cierto tipo de pecados solamente. Creo que debemos disculparnos por cualquier sentimiento real y negativo o rechazo percibido contra nuestros amigos del movimiento LGBT. Al mismo tiempo debemos desafiar a nuestros amigos LGBT a no usar indebidamente la Escritura. En Mateo 7 Jesús corrige, no todo el juzgar sino el juzgar hipócritamente. Jesús presenta la brillante ilustración de lo absurdo que es señalar la paja en el ojo del hermano sin echar de ver cuánto exhibe la viga en su propio ojo.

Pero hemos de juzgar las conductas con la Palabra de Dios – especialmente en la iglesia. Debemos hablar con respecto a los asuntos de significancia eterna. Nuestras palabras y nuestras acciones, sin embargo, deben ser sazonadas con amabilidad y respeto. Quizás los siguientes pasajes del Nuevo Testamento nos son un buen recordatorio de esto:

Mateo. 18:15-17: Por tanto, si tu hermano peca contra ti, ve y repréndele estando tú y él solos; si te oyere, has ganado a tu hermano. Más si no te oyere, toma aún contigo a uno o dos, para que en boca de dos o tres testigos conste toda palabra. Si no los oyere a ellos, dilo a la iglesia; y si no oyere a la iglesia, tenle por gentil y publicano.

Gal. 6:1: Hermanos, si alguno fuere sorprendido en alguna falta, vosotros que sois espirituales, restauradle con espíritu de mansedumbre, considerándote a ti mismo, no sea que tú también seas tentado.

Col. 3:12-15: Vestíos, pues, como escogidos de Dios, santos y amados, de entrañable misericordia, de benignidad, de humildad, de mansedumbre, de paciencia; soportándoos unos a otros, y perdonándoos unos a otros si alguno tuviere queja contra otro. De la manera que Cristo os perdonó, así también hacedlo vosotros. Y sobre todas estas cosas vestíos de amor, que es el vínculo perfecto. Y la paz de Dios gobierne en vuestros corazones, a la que asimismo fuisteis llamados en un solo cuerpo; y sed agradecidos.

2Tim. 2:24-26: Porque el siervo del Señor no debe ser contencioso, sino amable para con todos, apto para enseñar, sufrido; que con mansedumbre corrija a los que se oponen, por si quizá Dios les conceda que se arrepientan para conocer la verdad, y escapen del lazo del diablo, en que están cautivos a voluntad de él.

Santiago 1:19: Por esto, mis amados hermanos, todo hombre sea pronto para oír, tardo para hablar, tardo para airarse.

ESTAMOS EN EL SIGLO 21

Mientras la disputa continua, los cristianos están en "el lado equivocado de la historia." La Biblia esta anticuada y necesita ser adaptada a los tiempos modernos – o abandonarla por completo. Al fin, la Biblia promueve la esclavitud, prohíbe comer crustáceos, y le ordena a la gente a no confeccionar su indumentaria combinándola con más de una clase de telas. Ya hemos evolucionado sobre esta clase de ordenanzas antiguas, así que traigamos la cristiandad al Siglo 21 y dejemos de etiquetar la orientación homosexual como pecaminosa.

Respondiendo a esto decimos, podemos notar que hay una serie de asuntos traídos a colación en estos reclamos. Primero, la Biblia ya goza de fluidez y adaptabilidad a nuestros tiempos. De hecho, la Biblia expresa el corazón de un Dios inmutable quien habla al corazón de los hombres. Mientras que los tiempos cambian, el corazón humano no cambia; sigue siendo engañoso y perverso más que todas las cosas (Jer. 17:9). Los estándares santos de Dios, permanecen igual ayer, hoy y por siempre (Heb. 13:8). Esto significa, que Su santidad, Su naturaleza divina, y Sus estándares con respecto a lo malo y lo bueno son una constante eterna.

Segundo, arremeter contra la Biblia diciendo que ésta aprueba la esclavitud, sugiere que la persona quien levanta dicho reclamo, no está familiarizada con el contexto Bíblico. La Biblia no respalda la esclavitud como la entendemos hoy. La esclavitud en la Biblia operaba distinto a la servidumbre forzada, pero donde la esclavitud era resultado de la guerra, u otros casos, la Biblia siempre expresa los "ajustes divinos," reconociéndola como pecado del pueblo y buscando que su pueblo siempre fuera esa luz que expone la pecaminosidad de tal institución. Igual de importante es notar los pasajes de la Escritura que fomentan la liberación de los esclavos.

(Filemón 15-16), y condena capturar a una persona y venderla en esclavitud. (Ex. 21:16; 1 Tim. 1:10). Como sugiere Kevin DeYoung, "tratar de hacer ver que la esclavitud en la Biblia es algo normal, de la misma forma es normal que la oposición de la Biblia contra la practica homosexual es bíblicamente indefendible."[33]

Finalmente, el argumento acerca de la prohibición de consumir crustáceos, confeccionar ropa con dos tipos de telas etc., es tratado en la discusión de Lev. 18:22 y Lev. 20:13. A manera de una breve recapitulación, Dios les dio a los israelitas ciertas acciones que llevar a cabo como una forma *simbólica* de decirles que no se mezclaran con los falsos caminos de las naciones alrededor de ellos. Israel habría de "vestir" ciertos distintivos santos que le separaba de las demás naciones moral y teológicamente corruptas que habitaban a sus alrededores. Estas prohibiciones no son exhaustivas ni necesariamente permanentes en todos los casos.

ESA ES TU INTERPRETACIÓN

Algunos argumentan que los pasajes de la Biblia que tratan con el comportamiento homosexual están sujetos a interpretación. Una nota reciente es la del libro de Matthew Vine, *Dios y el Cristiano Gay*. El autor intenta argumentar que ser un cristiano gay dentro de una relación homosexual comprometida – y que eventualmente se casa – es compatible con el cristianismo Bíblico. Otros que se auto-identifican como autores cristianos han intentado demostrar que la Biblia condena la homosexualidad solamente en determinados contextos históricos, geográficos o contextos culturales.

Ya hemos tratado interpretaciones o entendimientos alternos de los pasajes bíblicos en cuestionamiento anteriormente en este librito. Se ha aconsejado al lector el capítulo "Seis pasajes claves." Al mismo tiempo, debemos señalar que, si *cualquier* interpretación de un texto puede ser válida, entonces *ninguna* interpretación es verdadera. El objetivo de la interpretación es comprender el significado del autor y no otorgarle al texto nuestro propio significado. Estudiar el texto en su idioma original; tomar cuidadosas notas del contexto; entender el propósito del autor y ver lo que ha escrito en otra parte; comparando la Escritura con la Escritura – todos estos son acercamientos y enfoques responsables al texto antiguo. El error principal de los que promueven interpretaciones alternas a los textos bíblicos sobre la homosexualidad se conoce como *eisegesis* – dándole un sesgo al texto por la vía de la imposición en vez de dejar que el texto hable por sí mismo.

Un claro ejemplo de *eisegesis*, lo vemos con Matthew Vines cuando argumenta que "Los cristianos que afirman la autoridad final de la Escritura pueden también afirmar, relaciones homosexuales, monógamas y comprometidas."[34] El argumento principal de Vines es que la Biblia no ostenta ningún modelo o categoría para la orientación sexual. Así que cuando la Biblia condena la conducta homosexual, lo que realmente condena es el "exceso sexual," la opresión, o abuso, no la posibilidad de uniones permanentes, monógamas, entre personas del mismo sexo. Este punto de vista comenzó con la conclusión de que "las relaciones comprometidas y monógamas entre personas del mismo sexo," son parte de la intención y el propósito creativo de Dios para los hombres y las mujeres y por lo tanto son buenas, y luego intenta imponer ese punto de vista sobre los textos Bíblicos.

Pero, de hecho, la Biblia en ninguna parte suaviza su rechazo hacia la conducta homosexual y las formas de explotación sexual. Las prohibiciones en Lev 18:22 y 20:13 son absolutas. Cualquier hombre que se acuesta con otro hombre, comete abominación.

Si las acciones de los homosexuales fueran incorrectas por ser consideradas un abuso, ¿entonces porque Levítico 20:13 decreta la pena de muerte para ambos participantes?

Pablo es igualmente directo en Rom. 1:26-27. La referencia al lesbianismo en el versículo 26 describe la conducta en el mundo mediterráneo antiguo que no se limita al abuso y explotación, o al papel activo vs el pasivo. La transición que Pablo hace en el versículo 27 con respecto a la homosexualidad masculina, aparece a la misma luz, cada vez que informa sobre todas las formas de homosexualidad masculina. “Si Pablo hubiese querido limitar sus observaciones a la pederastia podría haber usado palabras griegas que se refieren específicamente a dicha actividad.” escribe Robert A.J. Gagnon.[35]

Además, Gagnon informa que es engañoso argumentar que los escritores cristianos judíos no tenían nada más que imágenes negativas en que basar sus juicios sobre la homosexualidad. Gagnon Cita varios documentos greco-romanos antiguos que exhibían el carácter compasivo y hermoso del amor entre personas del mismo sexo, incluyendo el *Simposio* de Platón.[36]

NO PUEDO CAMBIAR

La opinión popular hoy promovida por los activistas homosexuales es que las personas bien pueden o no, nacer con esa tendencia homosexual, y que no pueden cambiar su orientación. La homosexualidad tiene un componente genético del que los escritores de la Biblia no se enteraron. Así, el argumento continúa, que, si los escritores mal informados de los documentos del Antiguo y Nuevo Testamento hubieran sabido sobre esto, habrían cambiado su tono.

Mucho se ha escrito ya en respuesta a este punto de vista, algo de lo cual ya se ha mencionado anteriormente en este libro. Gagnon resume diversos estudios científicos en *la Biblia y la práctica Homosexual: Los textos y la hermenéutica.*[37] En seguida una breve sinapsis:

- Tres estudios realizados en la década de 1990 intentaron encontrar alguna diferencia entre el cerebro de personas homosexuales y de los heterosexuales. Mientras que se descubrieron algunas diferencias, Neil y Briar Whitehead escriben, "La ciencia, todavía no ha descubierto cualquier comportamiento genéticamente ordenado en los seres humanos."[38] En Resumen, la influencia genética sobre la homosexualidad es, si acaso existe, relativamente débil en comparación con la influencia de la familia, la sociedad y otras influencias del medio ambiente.
- En los Estados Unidos, las probabilidades de que algún niño se vuelva homosexual, aumentan drásticamente dependiendo del entorno social. Dos indicadores culturales son la urbanidad/ruralidad y el nivel de educación. La homosexualidad es más frecuente en las zonas urbanas, donde hay mayores oportunidades para participar en conductas homosexuales y donde menos se sanciona en su contra. En cuanto a la educación, entre los hombres y mujeres que tienen una educación más alta, se muestra un mayor porcentaje de conductas homosexuales y lésbicas, tal vez esto se debe a que, en gran parte, los educadores a menudo animan los estudiantes a explorar su "verdadera sexualidad." Pero entre aquellos cuyo nivel de educación no se extiende más allá de la escuela preparatoria, sólo el 1.8% de

los hombres y el 0.4% de las mujeres, se identifican como homosexuales/bisexuales. Entre los graduados universitarios las cifras son 3.3% de los hombres y 3.6% de las mujeres.

- Otros estudios indican la elasticidad del comportamiento sexual, con algunos que se involucran en el comportamiento homosexual a temprana edad y luego cambiando a la heterosexualidad más adelante en la vida, y viceversa. Gagnon señala, "la gente que de tiempo en tiempo experimenta impulsos homosexuales, lo hacen a diferentes niveles de intensidad en diferentes épocas de la vida y diferentes periodos de duración.... pero nada de esto corresponde a una doctrina de determinismo biológico."[39]

¿Pueden los homosexuales cambiar? Sí. El cambio puede tomar diversas formas: una reducción o eliminación de las conductas homosexuales; una reducción en la intensidad y frecuencia de los impulsos homosexuales; la experiencia de la excitación heterosexual y al matrimonio; o la reorientación de la homosexualidad exclusiva o predominante, a la heterosexualidad exclusiva o predominante.

"Es evidente, entonces, que el componente genético o intrauterino de la orientación homosexual, es indirecta y no dominante," concluye Gagnon. "De hecho, las investigaciones científicas más recientes sobre la homosexualidad simplemente refuerzan lo que Escritura y el sentido común ya nos han dicho: el comportamiento humano resulta de una compleja mezcla de deseos biológicamente relativos (genético, intrauterino, desarrollo post-natal del cerebro), las influencias familiares y ambientales, la psicología humana y las elecciones repetidas. Cualquier predisposición a la homosexualidad dista mucho de la predestinación o determinismo y dista mucho de armonizar con la comprensión Paulina sobre la homosexualidad."[40]

NO ES UN PROBLEMA GRAVE

Los auto-identificados cristianos que apoyan la conducta homosexual podrán decir algo como, "sólo hay escasos versículos en la Biblia que mencionan la homosexualidad, así que, no es un problema grave."

Sin embargo, si creemos que la Palabra de Dios es inspirada, inerrante, infalible y suficiente, entonces cada palabra es de gran importancia. Al inspirar un pasaje particular, el Espíritu Santo hace que ese pasaje sea verdadero, significativo y relevante. La importancia de una doctrina Bíblica no está necesariamente vinculada a la cantidad de veces que las Escrituras la mencionan. Por ejemplo, la frase "mil años" es mencionada solamente seis veces en las Escrituras y se limita a un solo capítulo (Apocalipsis 20). Sin embargo, se han escrito volúmenes y volúmenes sobre el "Milenio," y sin importar la opinión personal en relación al cumplimiento de los tiempos, todos los cristianos esperamos el día cuando Cristo regrese a poner las cosas en orden.

Además, a pesar de que hay solamente seis pasajes que hablan específicamente sobre la homosexualidad, muchos otros pasajes complementan estos versos. Consideremos, por ejemplo, estos textos, los cuales incluyen los seis pasajes principales que anteriormente se trataron. Gen. 9:20-27; 19:4-11; Jueces 19:22-25; Lev. 18:22; 20:13; Eze. 16:50 (muy posible también 18:12 y 33:26); Rom. 1:26-27; 1 Cor. 6-9-11; 1 Tim. 1:9-11; y probablemente Judas 7 y 2 Peter 2:7. Agregando a estos textos sobre el culto a la prostitución: Deut. 23:17-18; 1 Reyes 14:24; 15:12; 22:46; 2 Reyes 23:7; Job 36:14; y Apocalipsis 21:8 y 22:15.

Dios ha hablado claramente con respecto al asunto del comportamiento homosexual, y Su perspectiva sobre nuestra respuesta a Su propósito creativo es, por supuesto, una gran responsabilidad. También es bueno tener en cuenta que cuando se comparte cualquier narrativa en la forma como la Biblia las comparte, no es necesario volver a contar algo que ya se ha establecido claramente. Como James M. Hamilton Jr., escribe, "en otras palabras, como cuando un escritor introduce su audiencia al mundo en el que se encuentra su historia, si les dice que ese mundo incluye la fuerza gravitacional de la tierra que atrae objetos hacia sí misma, no tiene por qué reiterar esa explicación cuando muestra un accidente aéreo. El autor no necesita interrumpir la narración y recordarle a su audiencia sobre la fuerza de gravedad."[41]

Por último, en cuanto a los creyentes, los preceptos bíblicos sobre la sexualidad sana (y contra la sexualidad malsana) no son meramente concernientes a la moral privada de los individuos, pero para la salud, integridad y pureza de la comunidad cristiana. Israel fue llamado a ser una nación Santa y por causa de todas las Naciones. El consejo de Pablo de "glorificad a Dios en vuestros cuerpos," (1 Cor. 6:20) surge de su apasionada preocupación por la unidad y la santificación de la comunidad en conjunto.

Cuando no se observa una restricción contra la prostitución (1 Cor. 6:15), para involucrarse en la inmoralidad sexual, se contamina el cuerpo de Cristo. A través del bautismo, los cristianos han sido sumergidos en todo el cuerpo de Cristo cuya salud está en juego por la conducta de todos sus miembros. El Nuevo Testamento nunca considera la conducta sexual como una cuestión de interés puramente privado entre adultos que la consienten. Según Pablo, todo lo que hacemos como cristianos, incluyendo nuestras prácticas sexuales, afecta todo el cuerpo de Cristo.[42]

Nadie es completamente libre, para vivir como se le dé la gana

6

PLATICAS CON UN AMIGO GAY

¿Qué dices cuando llegan las preguntas difíciles?

Hace unos años me uní a dirigentes de una organización cristiana no lucrativa en una reunión con ejecutivos de un canal de televisión de Nashville, Tennessee, que se preparaban para lanzar un nuevo programa de respaldo a la comunidad LGBT. Les pedimos que lo reconsideraran.

Entre los ejecutivos de la Televisión estaba una lesbiana. Ella quería saber por qué los cristianos no la aceptaban por lo que es. Fue la única vez que recuerdo haber levantado mi voz, y le dije algo como esto:

"Yo te acepto por quien eres, si tú me aceptas. Ambos somos pecadores que luchamos contra muchos deseos. Algunos de ellos son buenos y algunos de ellos no lo son. Pero la Biblia nos enseña a ver la diferencia. Y al final del día, tú y yo, hemos de decidir si actuamos bajo estos deseos pecaminosos. Pero cuando llegamos al punto en el que perdemos la vergüenza sobre las conductas pecaminosas – y además las celebramos – nos encontramos en un problema espiritual de profundas dimensiones."

No era la respuesta que ella esperaba. Esto ni confirmó sus sospechas contra los cristianos de ser malintencionados, ni comprometió la verdad Bíblica. La reunión se terminó cordialmente. Unas semanas más tarde la estación televisiva lanzo su premier "Out & About."

INTOLERANTES Y RACISTAS

La experiencia despertó mi conciencia de que muchos quiénes luchan con – las atracciones hacia el mismo sexo piensan que los cristianos los odian. Quizás algunos cristianos lo hacen, como ha sido evidenciado por los manifestantes que se auto-justifican y que están de pie en las esquinas de la calle y levantando carteles con consignas tales como, "Dios odia a los gay."

Pero ellos no representan a los Cristianos que conozco, quiénes se esfuerzan por seguir el ejemplo de Jesús de no ser ásperos con la gente pero si duros contra el pecado. Esto es un gran desafío, cuando la gente a quienes se nos manda amar nos categoriza como intolerantes, racistas prejuiciosos e hipócritas por oponernos a su estilo de vida.

El apóstol Pedro nos exhorta a estar siempre listos a presentar una defensa de nuestra fe "con mansedumbre y reverencia" (1 Pedro 3:15-16). Entonces quizás este es el tiempo para ensayar una conversación hipotética con un amigo gay, que hace preguntas con doble filo.

P: ¿Por qué odia usted a las personas - homosexuales?

R: ¿Le he dicho algo que le dio esa impresión? De ser así, realmente lo siento. De hecho, si algún cristiano ha expresado odio hacia usted, este ha negado el mandato de Jesús de amar a todos. Jesús amó tanto a la gente que les dijo la verdad, no obstante, los confrontó con sus pecados al mismo tiempo que les ofreció el perdón. Y eso es algo que ambos necesitamos. Usted y yo compartimos la tendencia natural de vivir independientemente de Dios. Pero Jesús nos llama al arrepentimiento y nos ofrece la vida eterna.

P: Jesús nunca habló en contra de la homosexualidad.

R: De hecho, si habló. Él afirmó que Dios los creo varón y hembra, así mismo habló del propósito de Dios de que un hombre y una mujer se unieran en el matrimonio toda la vida (Mat. 19:4-6). Cualquier conducta fuera del diseño y el propósito de Dios es pecaminosa – y esto incluye todas las formas de inmoralidad sexual. Jesús también afirmó la veracidad del Antiguo Testamento, que identifica la homosexualidad como una conducta pecaminosa; y Dios fue quien llamó a Pablo, quien escribió contra la homosexualidad, ser un apóstol.

P: Yo quiero casarme con mi pareja. ¿Con que derecho quieres evitármelo?

R: ¿acaso no gozo del derecho de expresar mi opinión y sustentar mis convicciones? Además, nadie es completamente libre, para vivir como se le dé la gana. A un hombre enamorado de dos mujeres no se le permite casarse con ambas. Las personas de ocho años de edad, no pueden obtener una licencia de matrimonio. Y un hermano no puede casarse con su hermana. Las leyes respecto a la santidad del matrimonio – como es tradicionalmente definido – están basadas en el interés del Estado en promover un arreglo familiar por medio del cual una madre y un padre crían a los niños que provienen de su unión. El Estado debe involucrarse en el asunto del matrimonio para el bien común y para el beneficio de la sociedad que se supone ha de proteger. A pesar de algunas excepciones particulares, numerosos estudios confirman que a los niños les va mejor con una mamá y un papá, y además, las comunidades son mejores socialmente cuando un esposo y su esposa permanecen unidos.

P: Algún día las leyes van a cambiar – quizás este mismo año.

R: Tal vez sí, pero lo que a veces es legal no es necesariamente lo que es correcto. Los estándares de Dios permanecen inmutables porque Él es un Dios de suprema santidad que sabe lo que es lo mejor para nosotros.

P: ¿Quién eres tú para decirme lo que es bueno o malo? La Biblia dice no juzgues, ¿cierto?

R: El pasaje que usted refiere, es del Sermón del Monte que Jesús predicó en el cual exhortó a no juzgar hipócritamente – es decir, no enfocarnos en la paja en el ojo de otro sin notar la viga en mi propio ojo. Esto no es lo mismo que sostener y perpetuar los estándares inmutables de lo que es correcto y lo que es incorrecto de acuerdo a los estándares bíblicos, Jesús claramente lo afirmó.

P: ¿Voy al infierno entonces?

R: Eso no depende de mí. Y no es el deseo ni la voluntad de Dios para ti.

P: Seguro tú crees que la homosexualidad es un pecado imperdonable.

R: No. Sin embargo, usted ha señalado un punto muy bueno. Así como los cristianos hablamos con clara convicción contra la homosexualidad, así mismo debemos también de hablar contra el adulterio, la pornografía, y contra otros pecados que pueden esclavizarnos. Sabiendo que mientras unos pecados acarrean consecuencias humanas más severas, ciertamente todos los pecados traen pena al corazón de Dios y condujeron a Jesús a la cruz, donde Él llevó la pena de mis pecados, y los suyos.

P: Pero yo nací así.

R: ¿De verdad? Los estudios acerca "del gene gay" indican que los procesos biológicos pueden influir en la conducta, pero no determinarla. El pecado nos es natural a todos. Pero Jesús nos ofrece victoria sobre el pecado y cambia nuestros deseos. El apóstol Pablo escribió a Cristianos que una vez se involucraron en conductas homosexuales y pecaminosas, diciendo, "Y esto erais algunos; mas ya habéis sido lavados, ya habéis sido santificados, ya habéis sido justificados en el nombre del Señor Jesús, y por el Espíritu de nuestro Dios." (1 Cor. 6:11).[43]

Dios es capaz y poderoso para hacer todas las cosas. Y particularmente Él se deleita en escoger de "lo necio del mundo para avergonzar a los sabios."

7

¿QUÉ DEBEN HACER LAS IGLESIAS?

Seis recomendaciones para enfrentar un futuro incierto

Hasta ahora, nadie sabe hasta qué grado el gobierno federal y los órganos Legislativos Judiciales y Estatales impondrán en la normalización de la conducta homosexual para los negocios privados e instituciones religiosas. No obstante, hay poca duda de que la opinión pública ya está presionando a las Iglesias a aceptar parejas del mismo sexo como miembros – y aun celebrar las relaciones homosexuales que están "comprometidas," "en amor" y "monógamas." Es muy posible que llegue el día en el que el Estado ordene a la iglesia a no discriminar en ninguna forma para los propósitos de la membresía y el empleo basado en la "orientación sexual."

¿Existe algo que las congregaciones locales deben hacer ahora para proveerse de protección legal y prepararse para un futuro incierto? Consideremos las siguientes recomendaciones:

1. Tenga compromiso con un entendimiento Bíblico sobre la sexualidad humana y el matrimonio, y proclame el consejo autoritativo de Dios – sin importar el costo.

2. Busque protección legal razonable. Para las Iglesias de la Convención de Missouri, visiten el sitio web de la Firma legal Whitehead de la ciudad de Kansas, (thewhiteheadfirm.com) ahí puede bajar gratis una política modelo de la iglesia en cuanto al matrimonio. También, puede visitar el sitio web de la Alianza en Defensa de la Libertad (alliancedefendingfreedom.org), en donde encontrara muy buenos recursos.

3. Sea un lugar seguro para la gente que lucha contra la atracción hacia el mismo sexo. Esto no significa, que aquellos que viven en una conducta impenitente, en un estilo de vida abiertamente gay, podrán ser recibidos como miembros, o podrán desempeñar un papel de liderazgo en la iglesia. Pero las iglesias locales vibrantemente discipuladoras no deben negar la membresía a aquellos que han confesado luchar contra la atracción hacia el mismo sexo, *pero así mismo* están de acuerdo que dichas conductas son pecaminosas – y que están dispuestos a buscar la victoria sobre esos deseos pecaminosos a través del poder de Dios y su sumisión y rendición a los principios Bíblicos que ostenta la comunidad de creyentes en Cristo. El testimonio del apóstol Pablo acerca del cambio genuino en la vida de la gente en Corinto debe sernos de ánimo a todos (1 Cor. 6:11).

4. Sea consistente en su posición con respecto a la conducta Bíblica y la disciplina de la iglesia. De modo que cualquier pareja que vivan juntos fuera del lazo matrimonial, o involucrados en el adulterio, o en cualquier otra actividad que la Biblia claramente

condena, los líderes de iglesia tienen que seguir el modelo que Jesús presento en Mateo 18 y que vemos ejemplificado en otros pasajes de la Escritura.

5. Considere lo que un experto académico y comprometido seguidor de Cristo, quien además lucho contra la atracción hacia el mismo sexo, dice a los cristianos quiénes luchan en el presente contra el deseo y atracción homosexual, estos necesitan que la iglesia: (a) Reconozca que "esa gente" que a veces está sentada en las ultimas bancas; necesita ser amada, necesita experimentar el sentido de pertenecer, y ser fieles; (b) entender que todos de alguna u otra forma esta sexualmente quebrantado; (c) estar dispuesta a aceptar la lucha – al tratar el sexo homosexual de igual forma como trata el sexo extramarital, y crear un espacio para el arrepentimiento y la restauración; (d) a compartir si temor la verdad Bíblica de que el sexo es para el pacto matrimonial heterosexual solamente; (e) crear el espacio para la "inmersión filial" – en otras palabras, si les hemos de pedir a los homosexuales y lesbianas a declinar esa forma de intimidad porque es claramente vista como desordenada e incompatible con la Escritura, entonces hay que venir a ellos y ofrecerles la más hermosa y fuerte inmersión filial que tenemos como iglesia y (f) mostrarles bondad así como Jesús siempre lo hizo con pecadores en recuperación.[44]

6. No desespere. Mientras que los cristianos nadan contra la marea de la opinión pública y la práctica común, tenemos la oportunidad divinamente otorgada para ser sal y luz. No se permite lloriquear.

Consideremos a los cristianos del primer siglo, que se enfrentaron al ostracismo y persecuciones intensas, no sólo por su posición sobre cuestiones morales, pero sobre todo porque amaban a Jesús y le sirvieron fielmente. Como resultado, la iglesia creció desde 120 en el día de Pentecostés hasta 30 millones a mitad del siglo IV.

En *La Apología de Arístides el Filósofo*, enviada alrededor del 125 A.C. al Cesar Tito Adriano, se señala que los cristianos, aunque considerados una subclase acosada, "no cometen adulterio ni fornican, ni mienten, ni defraudan con respecto a lo que prometen, ni codician lo que no es suyo. Honran a su padre y su madre, muestran bondad a su prójimo; y cuando están en un tribunal, juzgan justamente.... Hacen la paz con sus opresores y los hacen sus amigos; además hacen el bien a sus enemigos..."[45]

Dios es capaz y poderoso para hacer todas las cosas. Y particularmente Él se deleita en escoger de "lo necio del mundo para avergonzar a los sabios y lo débil del mundo para avergonzar a los fuertes" (1 Cor. 1:27). Su poder se perfecciona en nuestra debilidad. (2 Cor. 12:9). A manera de humilde recordatorio, si el Señor puede utilizar la boca de un burro para hablar la verdad a un falso profeta, entonces hay esperanza aun para todos nosotros. (Ver Num. 22:21-31).

8

CUATRO ACERCAMIENTOS EVANGÉLICOS

Como la postura evangélica ha variado en los últimos 50 años

Los evangélicos son cualquier cosa excepto monolíticos en su punto de vista acerca de la sexualidad y los derechos de la comunidad LGBT. Un estudio realizado por los sociólogos Jeremy Thomas de la Universidad Estatal de Idaho y Daniel Olson de la Universidad de Purdue mientras analizaron artículos de casi 50 años de la revista *Christianity Today* sobre la cuestión, revelanron cuatro enfoques básicos como resultado del mencionado análisis:

1. Tolerancia Bíblica: "Si la Biblia dice que es pecado; eso me basta a mí." Incluso en la década de 1960, los evangélicos mismos reconocieron que ser gay no es una opción – fue visto como un trastorno psicológico. Pero la Biblia habla claramente sobre el comportamiento homosexual.

2. Intolerancia Natural: "Es contrario a la naturaleza humana." En la década de 1980, algunos evangélicos lanzaron un nuevo argumento que involucraba la salud y el orden natural. Ya que mucha gente rechazaba las enseñanzas de la Biblia, este nuevo enfoque apeló a la ley natural como el fundamento de la moral pública y la ley civil. Este enfoque no era incompatible con la Biblia y aun, tampoco fue vinculado directamente a esta.

3. Adaptación Publica: "Es un pecado personal, pero vivimos en una sociedad pluralista." Un punto de vista predominante hoy día, es que la conducta homosexual es un pecado personal, pero no de incumbencia pública. Los evangélicos que adoptan este punto de vista están fuertemente consientes de la moral Bíblica, pero al mismo tiempo adoptan la idea de que vivimos en una sociedad pluralista en la cual deben protegerse los derechos de todos. Esta respuesta generalmente respalda la expansión de los derechos del movimiento LGBT, incluyendo la protección contra la discriminación en el trabajo, la adopción y uniones civiles, pero marca una línea en la arena sobre el matrimonio entre personas del mismo sexo.

4. Acomodación Personal: "Se trata de amor y respeto, no de sexo". Esta es la visión evangélica más recientemente desarrollada. Es una opinión minoritaria, y las advertencias de algunos evangélicos contra este enfoque lo presentan como una pendiente resbaladiza que culmina abrazando las conductas homosexuales como normativas. Este punto de vista hace hincapié en el amor (no en el sexo) entre parejas del mismo género, con ningún juicio contra la moralidad de estas relaciones. Prácticamente, la Biblia se utiliza para argumentar en favor de los derechos de igualdad para todos.[46]

9

¿CUÁL ES LA POSTURA RELIGIOSA RESPECTO AL MATRIMONIO DEL MISMO SEXO?

Un retrato de las religiones y denominaciones en el mundo

En seguida presentamos un cuadro de donde es que se colocan las religiones y grupos cristianos predominantes en el mundo, en relación al matrimonio entre personas del mismo sexo: De acuerdo a un artículo del 2014 del Pew Research Center.[47]

Aprueba el matrimonio Homosexual	Aprueba la Bendición a la Unión de Parejas del Mismo Sexo	Prohíbe el Matrimonio Homosexual	No tiene una postura clara
Movimiento Conservador Judío	Iglesia Episcopal	Iglesias Bautistas Americanas	Budismo
Movimiento Reformado Judío	Iglesia Presbiteriana (EEUU)*	Iglesia de Cristo de los Santos de los Últimos Días (Mormones)	Hinduismo
Sociedad de Amigos (Quakeros)		Islam	
Iglesia Unida de Cristo		Sínodo de Missouri – Iglesia Luterana	
Iglesia Evangélica Luterana		Movimiento Ortodoxo Judío	
		Iglesia Católica Romana	
		Convención Bautista del Sur	
		Iglesia Metodista Unida	

**PUSA ha ya cambiado su postura y ahora aprueba el matrimonio entre personas del mismo sexo.*

BIBLIOGRAFÍA RECOMENDADA

Los siguientes recursos pueden ayudarle a aprender más sobre el tema de las relaciones entre personas del mismo sexo desde una perspectiva bíblica.

¿Qué Enseña Realmente la Biblia Sobre la Homosexualidad? Por Kevin DeYoung

La Controversia Sobre Parejas del Mismo Sexo Por James R. White and Jeffrey D. Niell

¿Dios y el Cristiano Gay? Una respuesta a Matthew Vines, Editado por R. Albert Mohler Jr.

¿Por qué NO a la Unión del mismo-sexo? Por Daniel Heimbach

La Biblia y la Práctica Homosexual: Textos y Hermenéutica Por Robert A.J. Gagnon

Matrimonio Homosexual: Un Enfoque Reflexivo del Diseño de Dios Para el Matrimonio Por Sean McDowell and John Stonestreet

La visión Moral del Nuevo Testamento: Introducción Contemporánea a la Ética del Nuevo Testamento Por Richard B. Hays

aCristiano: Lo que la Nueva Generación Piensa Realmente Sobre el Cristianismo... y Porqué Importa Por David Kinnaman and Gabe Lyons

NOTAS

[1] http://freedomtomarry.org.

[2] http://www.theguardian.com/world/2015/may/26/vatican-ireland-gay-marriage-referendum-vote-defeat-for-humanity.

[3] Para ver los dos puntos de vista del nuevo Macartismo ver "Rise of the New McCarthyism, http://www.pfaw.org/rww-in-focus/rise-of-the-new-mccarthyism-how-right-wing-extremists-try-to-paralyze-government-throug; and "The New 'McCarthyism' Exists, but It Has Nothing to Do with Ted Cruz, http://www.nationalreview.com/article/415932/new-mccarthyism-exists-it-has-nothing-do-ted-cruz-charles-c-w-cooke.

[4] Sean McDowell & John Stonestreet, *Matrimonio Homosexual: Un Enfoque Reflexivo del Diseño de Dios Para el Matrimonio* (Grand Rapids, MI: Baker Books, 2014), 38.

[5] Estas verdades se exploran más detalladamente en *ibid.*, 35-42.

[6] Kevin DeYoung, *¿Qué Enseña Realmente la Biblia Sobre la Homosexualidad* (Wheaton, IL: Crossway, 2015), 26.

[7] *Ibid.*, 27-32.

[8] Otros pasajes acerca de la intención de Dios para la sexualidad incluyen Marcos 10:2-9; 1 Cor. 7:1-9; Ef. 5:22-33; 1 Tes. 4:3-8; y Heb. 13:4.

[9] James R. White & Jeffrey D. Niell, *La Controversia Sobre las Relaciones del Mismo Sexo: Defendiendo y Aclarando el mensaje de la Biblia sobre la homosexualidad* (Minneapolis: Bethany House, 2002), 46.

[10] *Ibid.*, 51.

[11] DeYoung, 42-47.

[12] White & Niell, 65.

[13] Paul Copan, , *¿Es Dios un Monstruo Moral? Dándole Sentido al Dios del Antiguo Testamento* (Grand Rapids, MI: Baker Books, 2011), 74. See also Gordon J. Wenham, *Leviticus*, New International Commentary on the Old Testament (Grand Rapids, MI: Eerdmans, 1979), 270.

[14] *Ibid.*, 77.

[15] Ver "Los Efectos Negativos del Amparo Social Hacia la Homosexualidad," Robert A.J. Gagnon, *La Biblia y la Práctica Homosexual: Textos y Hermenéutica* (Nashville: Abington Press, 2001), 471-84.

[16] apa.org/topics/light/orientation.pdf.

[17] Denny Burk, *¿Dios y el Cristiano Gay? Una respuesta a Matthew Vines* (Louisville: SBTS Press, 2014), 48.

[18] Richard B. Hays, *La visión Moral del Nuevo Testamento: Introducción Contemporánea a la Ética del Nuevo Testamento* (New York: Harper Collins, 1996), 393.

[19] Burk, 51.

[20] Pascal-Emmanuel Gobry, "Porque Muchos Cristianos no se dan por Vencidos con Respecto al Matrimonio Homosexual," *The Week*, edición online, Sept. 3, 2014.

[21] Denny Burk, *¿Cuál es el Significado del Sexo?* (Wheaton, IL: Crossway, 2013), 88-106, quoted in *¿Dios y el Cristiano Gay? Una respuesta a Matthew Vines* 53.

[22] Para una discusión más completa de la evidencia científica, ver Joe Dallas, "Hablando de la Homosexualidad," Christian Research Journal, Vol. 29, No. 06, 2006; y Robert A.J. Gagnon, *La Biblia y la Práctica Homosexual: Textos y Hermenéutica* Nashville: Abington Press, 2001), 395-432.

[23] Hays, 391.

[24] Michael Gryboski, "Andy Stanley: Las iglesias deben ser "El lugar más seguro del planeta' para la Juventud Gay," Christianpost.com, Abril 18, 2015.

[25] Hays, 403.

[26] Para más información, ver Dan Kimball, Simpatizan con *Jesús, Pero no les Gusta la Iglesia: Perspectivas de las Generaciones Emergentes* (Grand Rapids, MI: Zondervan, 2009), Chap. 8, "La Iglesia es Homofóbica."

[27] "Tendencias de la opinión pública acerca del matrimonio Gay," del foro Pew sobre la religión y la vida pública, citado en Joe Dallas, "Hablando de la Homosexualidad," *Christian Research Journal*, Vol. 29, No. 06, 2006.

[28] Richard A. Friedman, "La Infidelidad se Esconde Entre tus Genes," http://www.nytimes.com/2015/05/24/opinion/sunday/infidelity-lurks-in-your-genes.html?rref=collection%2Fcolumn%2Frichard-a-friedman.

[29] Joe Dallas, "Hablando de la Homosexualidad," *Christian Research Journal*, Vol. 29, No. 06, 2006.

[30] apa.org/topics/light/orientation.pdf.

[31] Joe Dallas, "Hablando de la Homosexualidad."

[32] *Ibid.*

[33] DeYoung, 107.

[34] Matthew Vines, *¿Dios y el Cristiano Gay?* (New York: Convergent Books: 2014), 3.

[35] Gagnon, 349.

[36] *Ibid.*, 350-361.

[37] *Ibid.*, 395-432.

[38] Neil and Briar Whitehead, , *¡Mis Genes Me Llevaron a Hacerlo! Una mirada científica a la orientación Sexual* (Lafayette, La., Huntington House, 1999), 209.

[39] Gagnon, 418. El autor cita numerosos estudios que apoyan la elasticidad del comportamiento sexual y la posibilidad de cambiar... en pp. 418-29.[40] *Ibid.*, 430. The author expands on these comments in a section entitled, "Relation of the Scientific Data to Paul's Views," 430-32.

[41] James M. Hamilton Jr., *¿Dios y el Cristiano Gay? Una Respuesta a Matthew Vines*, 29.

[42] Ver Hays, 391-92.

[43] Rob Phillips, adaptado de "¿Es la homosexualidad el peor pecado?" que fue publicado en el periódico cristiano *The Pathway* y la prensa Bautista en 2013.

[44] Cited in Sean McDowell & John Stonestreet, *Matrimonio Homosexual: Un Enfoque Reflexivo del Diseño de Dios Para el Matrimonio* (Grand Rapids, MI: Baker Books, 2014), 153-55.

[45]http://www.earlychristianwritings.com/text/aristides-kay.html.

[46]Tobin Grant, Religion News Service blog, "Noticias de la iglesia y el Estado," Agosto 15, 2014.

[47] David Masci, "Cual es la postura de las iglesias cristianas y otras religiones con respecto al matrimonio gay," Pew Research Center, Junio 18, 2014.

RECURSOS ADICIONALES

Other books by Rob Phillips:

Las Herramientas del Apologista

Las Herramientas del Apologista le prepara para defender la fe Cristiana "con mansedumbre y respeto" (1 Pedro 3:16). Los artículos en este libro de 81 páginas, atienden algunas de las doctrinas cristianas comúnmente más desafiadas hoy en día, desde la existencia de Dios hasta la autoridad de las Escrituras. Además, ofrecen una base bíblica que nos ayuda a identificar y como tratar con los falsos profetas, también proporcionan una visión general de las varias religiones, cultos o sectas que reclaman conocer las Escrituras, pero niegan sus enseñanzas fundamentales.

Ordénelo o bájelo desde el sitio web de: mobaptist.org/apologetics.

El Reino Según Jesús: Un estudio de las Parábolas de Jesús sobre el Reino de los Cielos

Jesús utilizó más de una docena de parábolas para revelar verdades previamente ocultas sobre el Reino de los cielos, pero para muchos, el Reino continúa siendo un misterio. Pero, ¿Qué es el Reino de los Cielos? Esta el Reino aquí, o ¿nos toca esperarlo? ¿Quién es parte del Reino y quien no lo es? ¿Qué podemos aprender de las historias de Jesús como la semilla de mostaza, la perla de gran precio y las 10 vírgenes? El Reino según Jesús, explora estas preguntas de una manera simple y atractiva de modo que anima a los lectores a "buscar primeramente el Reino de Dios" (Mat. 6:33). Disponible en Amazon y otras librearías.

Disponible en Amazon y otras librearías.

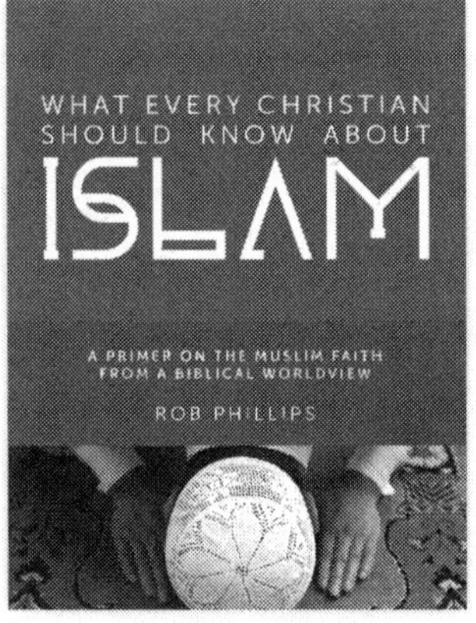

Lo Que Todo Cristiano Debe Saber Sobre el Islam:

Una Introducción de la Fe Musulmana Desde una Cosmovisión Bíblica.

Los 1.6 billones de musulmanes en el mundo, son personas preciosas por las cuales Cristo murió. Al mismo tiempo, el islam es una religión falsa que esclaviza a la gente y se esfuerza para la conquista mundial. Lo Que Todo Cristiano Debe Saber Sobre el Islam y ofrece un breve resumen de esta religión de 1400 años de edad a la vez que responde desde una perspectiva bíblica, a las preguntas claves acerca de la religión de Mahoma

Ordénelo o bájelo desde el sitio web de: mobaptist.org/apologetics.

La edición para Kindle está disponible en Amazon.

Recursos en la Web:

Visite las páginas Web de Apologética de la Convención Bautista de Missouri en: **mobaptist.org/apologetics**.

Lea, baje, y comparta recursos apologéticos en

oncedelivered.net.